UMA INVESTIGAÇÃO SOBRE A IMAGEM

Dados Internacionais de Catalogação na Publicação (CIP)
(Câmara Brasileira do Livro, SP, Brasil)

Hillman, James, 1926-2011

Uma investigação sobre a imagem / James Hillman ; tradução de Gustavo Barcellos. – Petrópolis, RJ: Vozes, 2018. – (Coleção Reflexões Junguianas)

Título original: An inquiry into image: and other essays

Bibliografia.

4ª reimpressão, 2025.

ISBN 978-85-326-5860-9

1. Arquétipo (Psicologia) 2. Imagem (Psicologia) 3. Psicologia junguiana 4. Psicoterapia I. Título. II. Série.

18-18506 CDD-150.1954

Índices para catálogo sistemático:
1. Psique e imagem : Abordagem junguiana : Psicologia   150.1954

Maria Paula C. Riyuzo – Bibliotecária CRB-8/7639

James Hillman

UMA INVESTIGAÇÃO SOBRE A IMAGEM

Tradução de Gustavo Barcellos

EDITORA VOZES

Petrópolis

© 1977, 1978, 1979 by James Hillman.
Direitos da tradução em português obtidos por intermédio da Melanie
Jackson Agency, LLC

Tradução do original em inglês intitulado
An Inquiry Into Image: And Other Essays

Direitos de publicação em língua portuguesa – Brasil:
2018, Editora Vozes Ltda.
Rua Frei Luís, 100
25689-900 Petrópolis, RJ
www.vozes.com.br
Brasil

Todos os direitos reservados. Nenhuma parte desta obra poderá ser reproduzida ou transmitida por qualquer forma e/ou quaisquer meios (eletrônico ou mecânico, incluindo fotocópia e gravação) ou arquivada em qualquer sistema ou banco de dados sem permissão escrita da editora.

CONSELHO EDITORIAL

Diretor
Volney J. Berkenbrock

Editores
Aline dos Santos Carneiro
Edrian Josué Pasini
Marilac Loraine Oleniki
Welder Lancieri Marchini

Conselheiros
Elói Dionísio Piva
Francisco Morás
Gilberto Gonçalves Garcia
Ludovico Garmus
Teobaldo Heidemann

Secretário executivo
Leonardo A.R.T. dos Santos

PRODUÇÃO EDITORIAL

Aline L.R. de Barros
Jailson Scota
Marcelo Telles
Mirela de Oliveira
Natália França
Otaviano M. Cunha
Priscilla A.F. Alves
Rafael de Oliveira
Samuel Rezende
Vanessa Luz
Verônica M. Guedes

Editoração: Elaine Mayworm
Diagramação: Sheilandre Desenv. Gráfico
Revisão gráfica: Nilton Braz da Rocha / Nivaldo S. Menezes
Capa: Omar Santos
Arte-finalização: Editora Vozes
Ilustração de capa: Mandala produzida por uma paciente de Jung e reproduzida por ele em *Os arquétipos e o inconsciente*, vol. 9/1 da Obra Completa. 5. ed. Petrópolis: Vozes, 2007, p. 341, nota 182.

ISBN 978-85-326-5860-9

Este livro foi composto e impresso pela Editora Vozes Ltda.

Sumário

Nota introdutória – O trabalho com imagens, 7
Gustavo Barcellos

1 Uma investigação sobre a imagem, 17
2 Notas posteriores sobre imagens, 57
3 Sentido da imagem, 105
Anexo – Cesta básica de psicologia arquetípica, 129

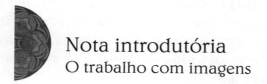

Nota introdutória
O trabalho com imagens

Este livro reúne pela primeira vez, em edição brasileira, os ensaios que James Hillman escreveu sobre a centralidade da imagem psíquica na psicologia arquetípica e em sua concepção de psicoterapia. Esta, inclusive, já foi chamada de "terapia focada na imagem". São textos paradigmáticos, que se tornaram já clássicos, e que servem para o praticante da psicoterapia analítica entender de que modo Hillman constrói sua visão teórica a partir do alinhamento de psique e imagem feito por C.G. Jung no século passado ("psique é imagem", disse Jung[1]). Jung compreende que "todo o processo psíquico é uma imagem e um imaginar"[2]. Para ele, a atividade fundamental que caracteriza a psique, ou alma, é imaginar. Hillman também o afirma: "Imagem é psique e não pode reverter-se, exceto a seu próprio imaginar"[3]. E diz ainda: "[...] a imagina-

---

[1]. JUNG, C.G. *OC* 13, § 75.
[2]. JUNG, C.G. *OC* 11, § 889. A afirmação mais contundente de Jung para a compreensão da realidade como imaginação e, portanto, para a instauração de um ponto de vista de alma sobre todas as coisas, está em *Tipos psicológicos*, de 1921: "A psique cria realidade todos os dias. A única expressão que posso usar para essa atividade é *fantasia* [...] A fantasia, portanto, parece-me a expressão mais clara da atividade específica da psique" (*OC* 6, § 73). A radicalidade dessa posição talvez ainda não tenha sido completamente absorvida.
[3]. HILLMAN, James. *O sonho e o mundo das trevas*. Trad. Gustavo Barcellos. Petrópolis: Vozes, 2013, p. 281.

ção não é meramente uma faculdade humana, mas uma atividade da alma à qual a imaginação humana presta testemunho. Não somos nós quem imaginamos, mas nós que somos imaginados"[4]. A alma é constituída de imagens, ou é, ela mesma, imagem. Aqui, a imagem não é o subproduto da percepção, da sensação ou da memória, o reflexo psíquico de um objeto externo; nem é a construção mental que representa de forma simbólica ideias e sentimentos[5]; não é a imagem à qual o ego, meu "eu" consciente, tem acesso por vontade ou por estímulo. Jung refere-se à imaginação como atividade autônoma da psique, ou seja, uma espontaneidade na criação de imagens ou fantasias. Portanto, psique se caracteriza particularmente por essa capacidade, ou atividade, de criar imagens; e o *locus* em que mais podemos perceber a capacidade autônoma e espontânea da psique de criar imagens é, naturalmente, os sonhos. O fato de sonharmos todas as noites nos dá testemunho nítido de que a psique tem a capacidade de criar imagens de forma independente, ou seja, por vontade própria, e autonomamente, ou seja, sem a intervenção da subjetividade de um ego consciente.

A psicologia arquetípica é herdeira dessa tradição que elabora uma fenomenologia da imagem como foco de sua prática. Os textos que compõem esta obra foram originalmente publicados na revista *Spring* (em 1977, 1978 e 1979), o mais antigo periódico junguiano do mundo que, a partir de 1970,

---

4. HILLMAN, James. *Psicologia arquetípica*: um breve relato. Trad. Lucia Rosenberg e Gustavo Barcellos. São Paulo: Cultrix, 1991, p. 29.
5. DONFRANCESCO, Francesco. *No espelho de psique*. São Paulo: Paulus, 2000, p. 51-52: "As imagens não são consideradas como atos da imaginação subjetiva, mas como independentes da subjetividade e da imaginação".

tornou-se o principal órgão de divulgação da psicologia arquetípica. Até agora inéditos em português, esses três ensaios dão a exata medida, com amplos exemplos de aplicação clínica, de como a máxima de outro teórico importante nessa linha, Rafael López-Pedraza ("Devemos ficar com a imagem!"), pode ser levada a cabo no trabalho diário com a psique, tanto no consultório quanto fora dele. Reunidos neste volume, formam quase que um, digamos, "manual de instruções", com indicações bastante precisas para o manejo sempre tão incerto das imagens que surgem no processo psicoterapêutico, seja em sonhos, fantasias ou nos relatos de dores, amores, conflitos e paradoxos interiores. Representam uma fonte indispensável para os psicólogos clínicos e para os estudantes de psicologia junguiana interessados na compreensão dos mistérios da alma e da imaginação.

O nexo entre imagem e psique insere-se numa tradição de "exploradores" e teóricos, que inclui os alquimistas, os visionários da mística islâmica, os poetas românticos, os surrealistas, Paracelso, Henri Corbin, Gaston Bachelard, e, entre tantos outros, Jung, o qual foi sucintamente apresentado por Gilbert Durand, ele mesmo um explorador desse *mundus imaginalis*, na edição de 1971 da revista *Spring* em artigo no qual afirma: "Cinquenta anos atrás, [William] James disse que o inconsciente era a maior descoberta do século XX. Agora podemos dizer que os conteúdos do inconsciente (imagens) serão o campo de exploração mais importante para o século XXI"[6].

---

6. DURAND, Gilbert. "Exploration of the imaginal". In: SELLS, Benjamin (org.). *Working with images*: The theoretical base of archetypal psychology. Woodstock, CT: Spring Publications, 2000, p. 54. Cf. tb. o mesmo debate no campo da "filosofia da imagem", inclusive com reflexões nas últimas décadas em torno da imagem digital, em: KHALIP, Jacques & MITCHELL,

Ninguém sabe definir a imagem. O debate em torno do que *é* uma imagem (ou do que *pode ser* considerado uma imagem – aparte seus correlatos de representação, quadro, ícone, visualidade) ultrapassa os limites da psicologia arquetípica e está presente hoje entre críticos culturais, acadêmicos da comunicação e da literatura, filósofos, antropólogos e sociólogos. Entre esses críticos, Giorgio Agambem, curiosamente ainda querendo banir um certo "psicologismo" da filosofia, aproxima-se significativamente de uma compreensão "arquetípica" da imagem, quando entende as imagens como "traços daquilo que os homens que nos precederam desejaram e almejaram, temeram e reprimiram"[7].

> Uma imagem, ao mesmo tempo em que torna algo visível (e visível não apenas no sentido ótico), torna algo invisível. Uma concepção de imagem baseada apenas na ideia de visibilidade não pode compreender a complexidade da imagem psíquica, que está baseada na simultaneidade, ou na abolição de sua própria inscrição no tempo.

Patricia Berry, outra analista e teórica desse campo, talvez tenha chegado bem perto de uma compreensão da imagem liberta da lógica da representação, da cópia, do símile ou da visualidade apenas, no ensaio "Virgindades da imagem", capítulo de seu *O corpo sutil de Eco*, de 1982:

Robert (orgs.). *Releasing the image*: from literature to new media. Stanford: Stanford University Press, 2011: "[...] tornou-se um lugar-comum insistir que 'imagens' tiveram um papel central na cultura do século XX e prometem ter um papel ainda mais poderoso na vida e no pensamento do século XXI" ("Introduction", p. 2).
7. AGAMBEN, Giorgio. "Nymphs". In: KHALIP, Jacques & MITCHELL, Robert (orgs.). *Releasing the image*: from literature to new media. Stanford: Stanford University Press, 2011, p. 79-80.

A imagem é uma complexidade de relações, uma inerência de tensões, justaposições e interconexões. Uma imagem não é apenas significado, nem apenas relações, nem apenas percepção. Ela não é nem mesmo apenas reflexão, porque nunca se pode dizer com certeza que isto é "a coisa" e aquilo é uma reflexão da coisa. Nem podemos dizer que a imagem é *isto* literalmente e *aquilo* metaforicamente. Essas dualidades – coisa *versus* reflexão, literal *versus* metafórico – não são imagens, mas, antes, maneiras de estruturar imagens[8].

Se o conceito básico da psicologia arquetípica, aquele do qual emanam suas observações e que permite sua penetração teórica mais profunda, é, naturalmente, o *arquétipo* – e, portanto, ela é forçada a oferecer uma descrição essencialmente múltipla, plural ou policêntrica da psique –, sua área de atuação focaliza-se na *imagem*. Tal psicologia se volta para o trabalho *da* imaginação (na clínica, na psicopatologia, na arte, no mito, na tradição cultural) e para o trabalho *com* a imaginação; está voltada para ressuscitar nosso interesse pela capacidade espontânea da psique de criar imagens. "A imagem tem sido meu ponto de partida para a revisão arquetípica da psicologia", disse Hillman em 1979[9].

As imagens psíquicas são encaradas como fenômenos espontâneos, quer seja no indivíduo, quer seja na cultura, e necessitam, na verdade, ser experimentadas, cuidadas, consideradas, entretidas, atendidas, respondidas. As imagens precisam

---

8. BERRY, Patricia. *O corpo sutil de Eco*: contribuições para uma psicologia arquetípica. Trad. Marla Anjos e Gustavo Barcellos. Petrópolis: Vozes, 2014, p. 119.
9. HILLMAN, James. *O sonho e o mundo das trevas*. Trad. Gustavo Barcellos. Petrópolis: Vozes, 2013, p. 21.

de respostas imaginativas, não de explicação. Dessa forma, "ficar com a imagem", o clássico *motto* de López-Pedraza[10], transformou-se na "única e rigorosa indicação técnica"[11] ou regra básica no método da psicologia arquetípica. "Ficar com a imagem" irá influenciar todo o procedimento terapêutico, especialmente no tocante à questão da interpretação.

Nessa perspectiva, a imagem – em sonhos, nas fantasias, na arte, nos mitos e na sua maneira de revelar os padrões arquetípicos coletivos – é sempre o primeiro dado psicológico: as imagens são o meio pelo qual toda a experiência se torna possível. A imagem é o único dado ao qual há acesso direto, imediato. Indica complexidade: em toda imagem há uma múltipla relação de significados, de disposições, de proposições presentes simultaneamente. Nossa dificuldade em compreendê-las, por exemplo nos sonhos, vem em grande parte de nosso vício de linearidade. Nossa incapacidade de experimentar e vivenciar simultaneidade de significados – a polissemia irredutível de cada imagem – vem da necessidade de transformar imagens em história, inseri-las na temporalidade: uma coisa por vez, uma coisa depois da outra. Aqui, como sempre, nossa abordagem fortemente evolutiva dos eventos nos faz ver primeiro o desenvolvimento, o processo. Mas, no reino do imaginal, todos os processos que pertencem a uma imagem são inerentes a ela e estão presentes ao mesmo tempo, todo o tempo.

A primeira questão metodológica importante, do ponto de vista da psicoterapia que é levada a cabo ao permanecer-

---

10. Cf. JUNG, C.G. *OC* 16, § 320: "Para compreender o significado de um sonho, devo ficar o mais próximo possível das imagens do sonho".

11. DONFRANCESCO, Francesco. *No espelho de psique*. São Paulo: Paulus, 2000, p. 45.

mos fiéis à imagem, ao retornarmos sempre a ela, refere-se a um movimento anti-interpretativo. Qualquer procedimento hermenêutico, qualquer intervenção do analista que possa ser caracterizada como interpretação conceitual necessariamente perderá a imagem. E, ao perder a imagem, perde-se a alma, deixa-se de atender ou de servir à psique. A interpretação é um procedimento quase sempre alegórico, rigorosamente uma tradução, ou seja, troca uma coisa por outra. Se alguém sonha, digamos, com um *trem*, numa perspectiva analítica interpretativa quase que "não interessa" ter sonhado com *trem*, porque o sonho, de fato, não é com trem, mas com uma outra coisa que está representada por *trem* – por exemplo, meu complexo paterno, minha agressividade, minha inveja, meu impulso à locomoção, minha mobilidade, o que quer que seja. Podemos colocar qualquer coisa no lugar do *trem*. Mas o trem partiu, e com ele a alma. Deixamos o trem para trás, com seu entusiasmo, seu peso, seu impulso, sua forma penetrante, sua beleza ou feiura metálica ou fosca; ou, mais precisamente, foi ele quem nos deixou na "estação analítica", desistindo de nós.

A segunda implicação metodológica importante pode ser descrita pelas seguintes observações: num procedimento interpretativo, entende-se que o que aparece na psique é fundamentalmente uma *representação* de outra coisa. Haverá aqui uma ideia de psique na qual ela se esconde, se vela, a ideia de que ela não é um acontecimento direto, mas, em vez disso, indireto. Ela faz *representar* seus processos, expressa-se, diríamos, alegoricamente. Por trás do trem ou da menina do sonho, ou do cachorro ou da cobra, ou do sintoma e da fantasia – por trás das imagens diretas –, existem outros sentidos que precisam ser descobertos, revelados. Trabalha-se então com uma perspectiva que pretende, em última instância, descobrir ou revelar a psique em seu nexo secreto. Quando um procedimento interpretativo ou simbólico direto é abandonado – ainda que haja amplificação, ainda que se busque um entendimento – procura-se olhar para as imagens como imagens, como *apresentações*, sem precisar interpretar, tentando-se, a partir de procedimentos que podem "abrir" a imagem, *ouvir* o que a imagem está querendo dizer. Nos ensaios de Hillman a seguir, ele nos dá amplas sugestões de como proceder com isso. A ideia é de que aquele trem do sonho, ou aquela cobra, ou aquele amigo, não estão representando nada; eles estão se apresentando. A psique, assim, está se apresentando o tempo todo, de diversas formas. A psique não se esconde, mas está exposta, à mostra sempre, no sonho, no sintoma, no discurso, na escolha de palavras, de frases, nas repetições, na vestimenta, nas casas, nos hábitos, na decoração, no modo como me exprimo, no modo como caminho, como adoeço, como me relaciono, amo, odeio, morro, como construo minha história. A profundidade está nas aparências, *dentro* das aparências, não *por trás* das aparências. A lógica da revelação, de qualquer forma, é aquela em geral do pensamento da religião, e pertence à retórica do espírito, não à psicologia. As metáforas podem ser mais óticas, ainda que não *literalmente* óticas, pois há imagens que não se dão apenas visualmente, como já se sugeriu.

O que é mais difícil de vislumbrar, dentro de um paradigma fortemente conceitual como o da psicologia, é como responder às imagens em seus próprios termos, ou seja, imaginando. Pois, do ponto de vista do trabalho psicoterapêutico, a questão em torno da imagem tem um caráter essencialmente operacional: O que fazer com a "coisa" da psique? Como trabalhar com ela, fazendo com que permaneça misteriosa e significativa? Desliteralizar a própria ideia de imagem é compreendê-la não somente como um elemento audiovisual, alguma coisa vista. Uma imagem psíquica não é algo que vejo, é antes um modo de ver, uma *perspectiva* sobre as coisas. Pode ser sonora, tátil, pode ser uma emoção, pode estar no corpo.

A beleza e a importância dos textos de James Hillman sobre a imagem podem nos alertar para o desafio da retomada de uma relação mais viva com a alma. Hillman nos ensina a lidar com as imagens psíquicas, e muitos são os modos que ele apresenta. Escritos na forma (socrática) de diálogos entre o autor e um (imaginado) *Questionador*, esses ensaios trazem a linguagem da conversa e da discussão de posições reflexivas para a frente da exposição de ideias; chama a atenção como uma técnica literária, mas é também um estilo e uma provocação. É ainda o legado que ele nos deixa de um testemunho sobre a imaginação.

Gustavo Barcellos
Junho/2018

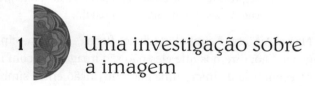 Uma investigação sobre a imagem

> *Estas coisas que comigo por demais discuto*
> *Por demais explico.*
> T.S. Eliot. *Quarta-feira de Cinzas.*

Símbolo e imagem

Quando me perguntam, coisa que sempre ocorre na discussão que se segue a uma palestra: "Por que você não fala de símbolo?" "Qual a diferença entre uma imagem, uma imagem arquetípica e um símbolo?" Normalmente respondo com uma confissão: Eu venho de Zurique; nos últimos 25 anos vivi num mundo de símbolos. Eles não prendem mais minha atenção. Todos em Zurique falam de símbolos, procuram por eles, escrevem teses sobre eles: o cisne, a caverna, a flecha, o número cinco, luz e sombra, o calcanhar, a coxa, o quadril e o joelho feridos... São todos símbolos, e eu também trabalhei com eles. Isso porque se diz na Escola de Zurique que não se pode compreender os materiais psíquicos, especialmente os sonhos, sem um conhecimento dos símbolos. Ou, nas palavras do mestre, para se fazer justiça a um sonho se deve

> adaptar uma técnica combinada que, por um lado, se apoie nas associações do sonhador e, por outro, preen-

cha as lacunas com o conhecimento de símbolos do intérprete [esta colocação, a propósito, é de *A interpretação dos sonhos*, de Sigmund Freud].

Mas serão esses símbolos (cisne, flecha, caverna, cinco) imagens? Não; diremos que eles não são imagens, e com isso estabelecemos já de início uma clara distinção entre símbolo e imagem. No entanto, também propomos que os símbolos tornam-se imagens quando estão particularizados num contexto, humor e cena específicos, isto é, quando são precisamente qualificados. Essa é nossa regra dourada a ser mantida ao prosseguirmos. Vamos ver como isso funciona. Um sonho:

> Estou em algum tipo de caverna, uma caverna escura. Todo o lugar inclina-se para trás e para baixo a partir de onde estou. Havia um grande cisne branco morto, com o peito crivado de flechas em todas as direções. Acho que havia cinco delas. Senti-me sufocar e corri desesperadamente sem olhar para trás, buscando a luz brilhante do dia. Mas, na minha pressa, parece que perdi o controle da minha perna direita, talvez no joelho, e minha perna cambaleava para todo lado enquanto eu corria.

Nesse sonho, a flecha, a caverna, o cisne, o cinco, o joelho etc., são os símbolos. Posso procurá-los num dicionário de símbolos, ou num índice de referências em Jung. Essa pesquisa é o primeiro passo da "amplificação". Ao ampliar a gama de significações dessas palavras para além de minhas próprias associações ("Machuquei meu joelho quando tinha três anos de idade"; "Flechas me sugerem São Sebastião"; "Sempre me disseram que os cisnes são belos, mas perigosos"), ganho um contexto cultural mais amplo, aprendo algo sobre como esses símbolos aparecem na imaginação em geral através da história da arte, da religião e do folclore.

Encontro então que cavernas são lugares onde há proteção, onde mistérios ocorrem, onde os deuses nascem ou abrigam-se as crianças, onde segredos, tesouros e crimes são escondidos e que elas são, muitas vezes, imaginadas como entradas para um submundo, um mundo das trevas. E posso descobrir que os cisnes são pássaros de deuses de alta inspiração: Eros, Afrodite Urânia e Apolo. Eles têm a ver com amor e com morte nas mitologias, com os longos voos da saudade; esses pássaros aquáticos também pertencem à fenomenologia da *anima*, como princesas de pescoços esguios, ninfas da água e donzelas, e especialmente com combinações curiosas de beleza com feiura, de água com ar, de selvageria orgulhosa com extrema delicadeza. E assim por diante em relação a flechas, números cinco, joelhos, peito, brilhos etc.

O campo desse tipo de conhecimento é a *simbologia*: o estudo dos símbolos. O uso consciente do cisne, da flecha, da caverna e do joelho num poema, pintura ou balé é *simbolismo*. (O uso consciente aqui significa empregá-los para efeitos emocionais e estéticos, especialmente aqueles que ampliam um evento no sentido da universalidade. Outro tipo de uso consciente é empregar símbolos para transmitir um significado definido que está claramente disfarçado nos símbolos, i. é, alegoria.)

Aquele que usa símbolos e as escolas que insistem em usá-los dessa maneira são chamados de *simbolistas*. Os simbolistas podem criar expressões assombrosas pelo uso das figuras culturais tradicionais, ou justapondo-as de maneira interessante, ou ainda alterando sugestivamente sua forma usual. Símbolos, *per si*, não são bons nem maus, e *trabalhos simbólicos* podem variar do majestoso ao *kitsch*. A *simbolização*, como um ato psicológico espontâneo, refere-se a um curioso agrupamento de significados em forma compacta, seja a forma uma imagem sensual, um objeto concreto ou uma fórmula abstrata. A simbolização ocorre todas as noites em nossos sonhos e todos os dias na nossa fala. É uma atividade tão básica que é tão incompreensível quanto a própria consciência e, nesse sentido elementar, não é sujeito de nosso questionamento. Assim, quando falo em *simbolizar*, quero dizer mais especificamente: ver imagens simbolicamente ou transformar imagens em símbolos. Muito foi escrito sobre aquilo que coloquei neste parágrafo, mas ele irá servir como uma orientação preliminar.

Um símbolo carrega em si pelo menos uma ideia principal que está expressa em uma imagem – caverna contém a ideia, por exemplo, de mistério, e a apresenta de uma forma sensorial (no entanto, um símbolo também liga uma imagem a/em sua ideia principal – uma consequência problemática à qual retornaremos mais tarde). Ambos, imagem e ideia, têm em comum alguma coisa da experiência humana que é durável através do tempo. Isto é, um símbolo condensa um grupo de convenções que tende à universalidade. Sempre que caverna, cisne, flecha aparecem, eles tendem a conter um agrupamento similar de ideias. Essa convencionalidade é uma chave para o reconhecimento dos símbolos. É também o que dá conta do majestoso ou do *kitsch*, pois os símbolos trazem a profundidade e o poder da história e da cultura, as experiências humanas gerais do universo, que são tanto verdades inexprimíveis quanto banalidades. Um cisne é um bom exemplo disso. Ele pode ser imensamente poderoso ou completamente trivial, dependendo – bem, do quê? Dependendo, primeiro de tudo, de *como* o cisne aparece, a imagem. Consequentemente, dois caminhos se abrem. Podemos abordar as imagens por meio dos símbolos, ou os símbolos por meio das imagens. Se ficamos no quando e onde de uma imagem, sua generalidade e convencionalidade, estamos olhando simbolicamente. Se, por outro lado, examinamos o como de um símbolo, suas particularidades e peculiaridades, então estamos olhando imagisticamente.

A terapia usualmente aborda imagens por meio de símbolos, e existem diferentes vantagens nesse método (as desvantagens são tantas e tão desastrosas que não é possível contê-las neste texto). Vamos rever essas vantagens.

Primeiro, quando confrontados com um sonho, e buscando seu significado, preenchemos as falhas das nossas associações pessoais com o nosso conhecimento dos símbolos, como Freud havia dito. Aprendemos essa abordagem simbólica durante nosso treinamento analítico. Essa abordagem é também uma consequência necessária da ênfase que deu Jung ao sonho manifesto: Se um leão aparece, é um leão e não um tigre ou um urso. Já que o sonho foi específico, também devemos ser se desejamos nos aproximar de seu significado com nossa interpretação. Devemos saber como os leões diferem simbolicamente dos tigres e dos ursos, de modo a sermos mais pertinentes e não divagarmos sobre os leões do sonho com conceitos como "animalidade", "instinto", "poder" ou "*imago* paterna" – afirmações válidas também para tigres e ursos, águias e locomotivas. Então, a abordagem simbólica ajuda a localizar uma imagem dentro da tradição da imaginação.

Uma segunda vantagem da abordagem simbólica é que ela livra o sonho de sua estreita opressão pessoal. Apenas por amplificar, fazemos terapia, pois, na procura de um símbolo, reconectamo-nos, relembramo-nos de um imaginário maior. A abordagem simbólica abre-nos para a cultura.

Uma terceira vantagem é decorrente da segunda. Símbolos têm alcance e eco. Qualquer evento visto simbolicamente assume uma dimensão; torna-se universalizado, ganha transcendência para além da sua aparência imediata. Sentimo-nos em contato com um grande significado. Os símbolos dão grandiosidade – e inflação, e delírios de grandeza. Mas aqui estamos entrando nas desvantagens, então passemos adiante.

Quando olhamos atentamente os dois caminhos, o simbólico e o imagístico, percebemos que eles não são alternativas reais, pois não existe o símbolo enquanto tal, somente existem imagens. Todo processo psíquico é uma imagem, disse Jung. Os símbolos aparecem, só podem aparecer, em imagens e como imagens. Eles são abstrações das imagens (se não o fossem, não poderíamos pesquisá-los em dicionários e livros de referência). Os únicos cisnes que podemos encontrar como tal estão num dicionário de símbolos. Todos os outros cisnes – fósforos da marca Cisne®, *O lago dos cisnes*, cisnes no Rio Coole, raptando Leda ou puxando a carruagem de Afrodite – estão localizados num contexto, estado de espírito e cena específicos. Cada símbolo é articulado, vivificado ou mortificado pela imagem que o apresenta. Um símbolo não pode aparecer a menos que seja numa imagem.

Mas talvez um símbolo seja um determinado tipo de imagem – uma imagem universal? Um grande pássaro branco morto é certamente um símbolo. Pense num albatroz, mas também não irá funcionar, porque perdemos a imagem de um cisne numa caverna, uma caverna particular com sua atmosfera particular, e um cisne morto com flechas em seu peito, precisamente cinco flechas, apresentado junto com minhas emoções e minhas ações.

Em outras palavras, imagens que são generalizadas e convencionalizadas (pássaro branco morto) têm suas características particulares apagadas. Não podem mais ser chamadas corretamente de imagens. Qualquer imagem que é tomada como símbolo, tomada em sua dimensão universal, deixa de ser imagem. A abordagem simbólica contradiz a abordagem imagística e isso, principalmente, porque a abordagem simbólica oferece generalidade ao custo da precisão.

Finalmente, um sonho é uma imagem por causa de seu contexto, humor e cena específicos. Não é um símbolo. Isto é evidente em função do fato de que você não pode amplificar um sonho como tal, somente seus símbolos. Eles podem ser retirados de um sonho, pesquisados, pintados, interpretados – mas tudo isso não é o sonho, não é a imagem. Para colocar de outra maneira: um sonho é uma imagem inteira (não importa quão fragmentária, quão equívoca) que inter-relaciona suas próprias imagens que, por sua vez, podem conter símbolos. Um símbolo pode ser um elemento de uma imagem, mas pode haver imagens sem qualquer símbolo.

Questionador: Calma aí! Tudo isso pode estar certo se você deseja propor uma nova teoria, mas tem pouco a ver com o modo como Jung define símbolo:

> Toda abordagem que interpreta a expressão simbólica como análoga a uma designação abreviada de alguma

coisa conhecida é semiótica. Uma abordagem que interpreta a expressão simbólica como a melhor formulação para uma coisa relativamente desconhecida que, por essa mesma razão, não pode ser formulada claramente, é simbólica (*OC* 6, § 815).

Sua distinção entre símbolo e imagem não é outra coisa que a distinção de Jung entre signo e símbolo. Você está transformando símbolos em signos, enquanto que um dos maiores avanços de Jung foi diferenciá-los e dar à psicoterapia uma nova teoria dos símbolos. A teoria de Jung dos símbolos insiste que eles são totalidades e não elementos. Sua teoria aponta a sua fundamental inefabilidade, seu mistério e sua ambiguidade paradoxal. É por isso que eles têm "vida" e podem transformar progressivamente nossa vida psíquica. Mas você conhece tudo isso tanto quanto eu; então, por que você fala de símbolos em termos de dicionários e amplificações? Pensar que você pode obter o significado de um símbolo procurando-o dessa forma é também, ao mesmo tempo, perder toda a teoria de Jung.

Meu amigo *Questionador* fez uma distinção útil entre a *teoria* de Jung dos símbolos e a *prática* de pesquisá-los. Isso permite que eu exponha meu método nestas notas. Quero ser operacional. Quero inquirir ficando próximo ao fenômeno. Quero falar sobre aquilo que fazemos, e não sobre o que pensamos que fazemos. Isto é distinguir entre método junguiano e metodologia (uma dica de James Heisig, e cf. tb. algo de Stephanie de Voogd mais adiante). Métodos são os caminhos a partir dos quais abordamos as coisas, e metodologias são as "ologias" que invocamos para justificar nossos métodos. Os primeiros são as táticas presentes, as segundas são as estratégias, as definições teóricas e os planos para executá-los. Posso colocar essa diferença entre o que fazemos e o que pensamos fazer da seguinte forma. À questão: "O que é um cavalo?", posso legitimamente responder definindo ou descrevendo um cavalo. Posso responder *apontando* para um cavalo ou cavalos. Se uma criança pergunta, respondo melhor *apontando*. No entanto, e isso é da maior importância, apontar pode também ser feito contando um sonho com um cavalo, citando uma linha de um verso, fantasiando um cavalo. Apontar significa apresentar um cavalo, cavalo na imagem. Ao invés de responder afirmando o que um cavalo *é*, respondemos contando ou mostrando *como* é um cavalo (um cavalo é como aquele animal que vimos puxando uma carroça no filme de ontem à noite; é como nosso cachorro, só que tem o pelo mais brilhante e você pode montar nele e cavalgar; lembra-se do soldado no desfile militar? – ele estava montado num cavalo).

Por esse método de apontar, estou tentando retornar ao fenômeno: símbolo em operação ao invés de símbolo em definição. Podemos perder o controle sobre essa diferença: Se a definição ou descrição de cavalo não consegue dar conta do que vejo quando aponto para um cavalo, então nossa compreensão de cavalos obtida da teoria está se tornando delirante. Ela não mais se adequa a cavalos reais. Penso que isso vem acontecendo com "símbolo" na psicologia analítica.

O que ocorre nas trincheiras da psicoterapia parece muito diferente do plano. Quando os junguianos falam ou escrevem sobre um sonho com um ovo ou um caixão, o ovo e o caixão *não* permanecem dentro da imagem, dentro do seu contexto precisamente qualificativo; nem o ovo nem o caixão permanecem "a melhor formulação de uma coisa relativamente desconhecida" (definição de símbolo proposta por Jung). Mais precisamente, o ovo tende a uma "designação abreviada" (signo) para fertilidade, crescimento ou feminilidade, e, caixão, a mãe negativa ou a morte. Os símbolos tornam-se substitutos para os conceitos. Enquanto a teoria junguiana declara-os desconhecidos, na prática simplesmente sabemos num piscar de olhos o que eles significam. Nossa prática com símbolos não está de acordo com nossa teoria sobre eles.

Chegamos a esse estado de coisas por conta do desenvolvimento progressivo da simbologia. Não mais praticamos a teoria de Jung sobre os símbolos, visto que eles não são mais para nós uma incógnita como já o foram. Sofremos uma mudança histórica. Freud, Jung e a segunda geração recuperaram grandes porções dessa "linguagem esquecida". A consciência de hoje está muito desperta para símbolos de todos os tipos. Então, parece que a terceira geração está agora tentando voltar para o desconhecido – que apenas alguns anos atrás estava no símbolo –, explorando a imagem (afinal, nossa preocupação maior não é nem com o símbolo nem com as imagens, mas com o desconhecido, que é a fonte de toda a psicologia profunda).

O sonho como imagem leva-nos de volta para o desconhecido; aproximamo-nos dele por meio da imagem. Não existe outro lugar para ir. Somente ele pode nos falar de si mesmo. Assim, colocamos de lado nossa consciência coletiva que sabe o que os sonhos são, o que os sonhos fazem, o que significam. A prática com os sonhos como imagens suspende nossa teoria que se baseia na abordagem simbólica; não queremos preconceitos sobre a experiência fenomenal do seu desconhecimento e de nossa inconsciência assumindo *a priori* que são mensagens, dramas, compensações, indicações prospectivas, função transcendente. Queremos ir até a imagem sem a defesa dos símbolos.

Questionador: Isto é ingênuo. Mesmo que você abandone as propostas usuais de Jung, você estará substituindo uma por outra. Você tem que ter uma abordagem de algum tipo, um instrumento. O que você faz com os sonhos?

A primeira proposição é que um sonho é uma imagem e que uma imagem é completa tal como se apresenta (ela pode ser elaborada e aprofundada ao trabalharmos com ela, mas tudo está ali; a totalidade presente na imagem). Em seguida, supomos que tudo o que está ali é necessário, o que sugere que tudo necessário está ali. Portanto, a regra "fique com a imagem" na sua apresentação precisa: A caverna inclina-se para trás e para baixo; corro sem olhar para trás; as flechas estão cravadas no peito em vários ângulos; o cisne é grande, e não pequeno; e morto, não doente, vivo ou nadando; e branco, não preto ou descolorido.

Mesmo que as imagens fossem menos detalhadas ("qualquer número de flechas", "algumas flechas", ou "penso que tinha algumas flechas"), *o que quer que* se diga é parte da precisão da imagem. Não tome precisão literalmente como alguma forma de réplica fotográfica do detalhe, no sentido de que, quanto mais nítido, melhor. Precisão significa tudo que for realmente apresentado. Simplesmente, as qualidades reais da imagem. Indiferença, obtusidade e imprecisão também são qualidades ("Eu me senti *blah*"; "O sonho era vago"; "Só consigo me lembrar de um pedaço" – isso também é precisão da imagem). Quanto mais precisão, mais *insight*.

Em contraste com uma imagem, um símbolo destaca-se de sua disposição e cena, como as cinco flechas no cisne que, tomadas como um símbolo, se tornam "a flecha" ou "flecha". Como tal, o símbolo não tem localização sintática nem variação tonal, nenhum sentimento, nenhuma relação necessária com seu entorno. Não existe nada intrínseco à flecha de que ela está num cisne, no peito de um cisne, ou de que existem cinco flechas. É essa saliência dos símbolos que nos possibilita amplificá-los. Essa saliência também encoraja o analista a desmontar o sonho, procurar por cada símbolo, um por um, e procurar o significado a partir de um processo de decodificação de suas *inter*-relações. A abordagem simbólica tende a romper uma imagem; ela é iconoclasta.

A abordagem imagística considera cada aspecto do sonho como imagem (cisne na caverna, flechas no peito, correr na direção da luz do dia), e que essas imagens são todas *intra*-relacionadas. Nenhuma imagem pode ser analisada afastada das outras, e a elucidação de qualquer uma clareia as outras. As imagens são intrínsecas umas às outras: Na caverna do cisne morto, corro para a luz do dia sem olhar para trás e para longe do declive e não olhar para trás, para mim, é o mesmo que correr. Todas as imagens do sonho são aderentes, coerentes, inerentes – esta *inerência* é fundamental para uma imagem. Patricia Berry falou tão bem sobre o sonho como uma imagem que não preciso fazer isso de novo[1]. Ela chamou esse aspecto de simultaneidade da imagem. Todas as partes são co-relativas, "co-temporâneas" (em linguagem filosófica, as partes estão ligadas por "relações internas"). Uma observa-

---
1. Cf. BERRY, Patricia. "Uma abordagem ao sonho". *O corpo sutil de Eco*. Trad. Marla Anjos e Gustavo Barcellos. Petrópolis: Vozes, 2014 [N.T.].

ção similar sobre simultaneidade e intra-relacionamento foi feita por Rudolf Ritsema nas suas traduções do *I Ching*. Ele fala de uma "sintaxe do imaginal".

Imagem arquetípica – 1

Jung diz que os arquétipos *per si* são incognoscíveis, irrepresentáveis e indizíveis. Vamos entender isso não como uma definição metafísica, mas operacional. Vamos trabalhar com tal noção e ver como se aplica às imagens.

Já conseguimos algum progresso ao passarmos do arquétipo como substantivo para o adjetivo arquetípico. Isto é, sem dúvida, uma evolução, porque acabamos de nos desvencilhar de uma das mais antigas tramas filosóficas e todo o seu emaranhado de questões delicadas sobre as relações entre universais e particulares, nominais e fenomenais, possíveis e reais. Ao invés de começarmos com dois eventos distintos – arquétipo e imagem – e como eles se relacionam, iniciamos apenas com um evento – a imagem arquetípica. Não temos que subtrair "arquetípico" de "imagem", porque, nesse caso, o arquetípico frusta nossas possibilidades, pois torna-se incognoscível, irrepresentável e inqualificável. Estaríamos impedidos logo de início por não nos ser dado conhecer o objeto de nosso estudo. Assim, um procedimento mais fecundo consistiria em indagar quais as modificações que ocorrem, se ocorrem, numa imagem quando esta é declarada "arquetípica". Dessa maneira, chegaremos mais perto do "arquetípico" do que se começássemos pela questão teórica: O que são arquétipos? Na verdade, nem mesmo temos que distinguir arquetípico da imagem; só precisamos investigar o que há com uma imagem

em particular que a faz atrair o modificador "arquetípico".
Portanto, nosso foco permanece nas imagens.

E o que há de especial em uma imagem para ser denominada arquetípica? A primeira resposta – os símbolos ou o simbólico – apenas desfoca a questão. (Se os símbolos tornassem as imagens arquetípicas, então apenas deslocamos o problema; e a pergunta passa a ser: "Qual a diferença entre arquetípico e simbólico?" A menos que possamos perceber alguma distinção entre eles, somos forçados a admitir que são idênticos; logo, um dos dois termos é redundante.) Mas acho que podemos enfrentar a resposta simbólica recorrendo ao nosso exemplo do sonho.

Esse sonho é arquetípico por causa de seus símbolos: caverna, flecha, cisne, claro-escuro? Se a resposta é sim, então, qualquer sonho (imagem) que contenha um símbolo é arquetípico. Bastaria ter uma árvore, um animal, ou mesmo outra pessoa (criança, sombra, *animus*, *anima*) em um sonho para ele ser arquetípico. O cúmulo do contrassenso – no entanto, vamos aceitar a suposição de que são os símbolos que transformam as imagens em arquetípicas. Vamos tentar trabalhar com essas hipóteses, mesmo não ficando clara a linha que separa aquilo que é um símbolo do que não é. (Carros são símbolos? E supermercados? Cestas de supermercados? Sacolas de supermercados? Os caixas? Meninas do caixa? Carregadores? Cachorros na coleira esperando lá fora?)

Questionador: Calma! Você está indo rápido demais. Jung uma vez disse: "O fato de uma coisa ser ou não um símbolo depende sobretudo da atitude da consciência observadora" (*OC* 6, § 818). Desse modo, as meninas do caixa e as sacolas de supermercado podem ser vistas como símbolos. Tenho certeza de que poderia amplificá-los em termos míticos e rituais, de forma que você também poderia ver sua natureza simbólica.

Jung, ao transpor o problema do símbolo de um tipo de objeto para um tipo de atitude do sujeito, parece ajudar – mas ajuda de fato? É como a afirmação de Edward Casey de que uma imagem não é aquilo que se vê, mas como se vê. O apelo é para o modo de ver. Mas o que é isto exatamente? Se ver com uma atitude simbólica significa ver as coisas como símbolos, estaremos simplesmente incorrendo numa nova petição de princípio, a ser respondida com uma nova tautologia.

Até agora a única coisa que podemos dizer é que, graças a Freud e Jung, podemos perceber símbolos onde antes não os víamos. Eles desenvolveram nossa consciência simbólica. Freud nos ajudou a ver (ou ouvir) "sacola de supermercado" como um símbolo sexual (feminino) e, por mérito de Jung, podemos reconhecer as "meninas do caixa" como representações da *anima*, e a passagem pelo estreito corredor do caixa para um mundo maior como um *rite de sortie*. Uma vez que adotamos uma atitude simbólica podemos, na verdade, tomar qualquer coisa como um símbolo. Mas só podemos chegar a esse estágio porque aprendemos o que são os símbolos, pela amplificação, pela simbologia (freudiana, junguiana, cristã, do Tarot etc.). Portanto, também a atitude simbólica está fundada naquilo que fazemos ou fizemos que nos permite ver algo como símbolo.

Mas voltemos aos sonhos. Vamos examinar um sonho em que aparecem oito grandes símbolos. Afirmamos que são símbolos porque as pessoas os têm como tal. E os colecionam em depósitos coletivos, onde se pode encontrá-los: dicionários e livros de referência – de mitos, de contos de fadas, de folclore, de motivos na arte, de religiões e de psicologia. Em primeiro lugar, desnudamos o sonho para expor seus símbolos. Operação I:

> Perto de um *rio*, um *bebê* brinca com uma *cotovia* e uma *pérola*. *Flores* crescem ao redor. Uma *bruxa* passa carregando uma *caixa* de *merda*.

Agora, diga-me por que isso não funciona?

Questionador: Não há emoção, não acontece nada a ninguém. Parece que nada importa. É uma imagem sem um significado mais profundo e, por isso, não pode ser chamada de arquetípica.

Creio que essa imagem não pode ser corretamente chamada de arquetípica porque falha no "critério de decoro" (Rosamund Tuve). A imagem não foi expressa de maneira apropriada. Oito símbolos de peso foram esvaziados de seu conteúdo em uma narrativa trivial. O estilo declarativo indiferente não é adequado a eles. Quer dizer, os símbolos por si sós não fazem com que a imagem seja denominada arquetípica; tem de haver algo a mais. Esse algo a mais parece, em primeiro lugar, uma questão de estilo – ou melhor, é o estilo que faz a diferença. Não basta termos os símbolos; é preciso ter um estilo para materializá-los. Senão, é como deixar esmaecer a imagem poderosa do Cristo sangrando na cruz numa pintura sentimental italiana do século XIX. O veículo deve portar o símbolo. Logo, Operação II:

Era uma vez, perto de um *rio*, um *bebê* que brincava o dia todo e todos os dias com uma *cotovia* e uma *pérola*. *Flores* brotavam ao seu redor e, um dia, uma *bruxa* aproximou-se carregando uma *caixa* de *merda*.

Agora colocamos os símbolos como num conto de fadas, satisfazendo, desse modo, creio eu, o critério do decoro (seria "indecoroso" se tivéssemos adotado o estilo épico ou a tragédia). Mas, ainda assim, a imagem não parece merecer o epíteto "arquetípica". Tem-se a impressão de que a história está só no começo, que a narrativa é apenas um trecho. Não há conflito, trama ou tensão moral envolvendo o leitor. Jung diz que os arquétipos são portadores de significado: essa imagem não traz nenhuma mensagem significativa. Se podemos dizer "e daí?" para uma imagem, dificilmente ela será arquetípica. Portanto, Operação III:

> Eu estava observando um *bebê* que brincava perto de um *rio* com uma *cotovia* e uma *pérola*. *Flores* brotavam à sua volta quando (ou "mas de repente", ou "até que", ou "todavia") uma *bruxa* apareceu carregando uma *caixa* de *merda*.

Duas coisas mudaram. Primeiro, agora existe a pessoa do sonhador, um observador com quem se pode identificar; e, segundo, há uma ruptura, um "hiato" peculiar na imagem (*quando, mas, de repente*) causado pela introdução de um disjuntivo. A imagem tem, agora, uma tensão interna, a insinuação de uma trama, e até uma expectativa latente.

Questionador: Eu ainda não a sinto arquetípica. Ela simplesmente não é *grande* o bastante. Mesmo que apresente o tom de uma fábula (decoro) e esteja fornida de imagens universalmente conhecidas (símbolos), continua distante e superficial. Sei que isso se aplica à maioria das imagens arquetípicas – mandalas, relógios cósmicos, visões celestiais, castelos de contos de fadas –, contudo, não há nada aqui que ofereça emoção, mistério, significação. Deixe-me re-escrever os oito símbolos dentro daquilo que eu chamaria de uma verdadeira imagem arquetípica. Operação IV:

> Uma *bruxa*, que parecia a mãe da minha mãe, trazia um *bebê* chorando dentro de uma *caixa* que ela estava retirando ou jogando num *rio*. De repente, uma *cotovia* mergulhou no ar, espalhando *flores* e *merda* em cima deles, e agora, na caixa, havia uma *pérola*. Primeiro eu tive medo, depois me senti aliviado.

Veja o que fiz. Agora há emoção na própria imagem ("chorando", "de repente", "mergulhou no ar"). Há também o envolvimento pessoal do sonhador ("eu tive medo", "a mãe da minha mãe"). Surge uma ambiguidade: "retirando ou jogando no rio", de forma que não se sabe o que a bruxa está prestes a fazer – o mistério do positivo e do negativo. E há os temas mitológicos definidos da bruxa (mãe da mãe, mãe dupla, Grande Mãe) ameaçando uma criança ao expô-la ao perigo, o animal prestimoso, o socorro que vem do alto e por opostos (flores e merda). E, finalmente, o trecho é uma narrativa completa. Uma história de transformação. Não podemos chamar essa imagem de arquetípica?

Testa-se melhor uma hipótese tentando refutá-la. Portanto, vamos re-trabalhar a imagem *retirando* tudo o que usamos para torná-la "arquetípica" – hiato disjuntivo, narrativa, expectativa latente, opostos e ambiguidade, envolvimento emocional e motivos mitológicos, incluindo a trama de transformação. Não mais dessas coisas, porém, menos. Operação V:

> Perto de um *rio* raso de águas claras, um *bebê* sentado brinca indolente com uma *cotovia* que canta em sua mão direita e uma *pérola* brilhante à esquerda ao redor dos *brotos* de *flores* de narciso e dente-de-leão crescendo à sua volta uma *bruxa* passa carregando uma *caixa* de *merda*.

Essa última versão é um retorno à primeira. Os motivos de transformação, opostos, criança abandonada, ambivalência manifesta, animal prestimoso e o sonhador-observador foram suprimidos, assim como a emoção e a narração. E, mais, aboliu-se a pontuação, desorganizando o ritmo, sintaxe e ênfase. Tudo que viemos construindo para moldar o "arquetípico" foi suprimido.

A principal diferença entre a quinta versão e a primeira é que alguns dos nossos símbolos estão agora *precisamente especificados*. Ainda que sem expressar emoções, há *clima* e *ambiência*. Os símbolos – sem introduzir quaisquer novos afetos ou conexões entre si – agora estabelecem um *contexto* para cada um (lembrem-se que, no começo, eu disse que esses itens em destaque no texto são importantes para transformar símbolos em imagens).

Lendo e relendo a imagem, ouvindo e re-ouvindo, aprendemos que sentar-se perto de um rio raso é sentar-se como um bebê, e sentar-se como um bebê é ter uma cotovia cantando na mão direita, e isso acontece quando uma bruxa tem nas mãos uma caixa. Quando flores de narciso e dente-de-leão crescem, o rio é raso e azul-claro. Ou talvez das flores nasce uma bruxa. Aprendemos que, quando a merda está na caixa, o rio é azul-claro e raso e o bebê brinca indolente. Brincar indolente é brincar como um bebê, mesmo com uma pérola brilhante. O que faz um bebê com uma pérola brilhante? Um bebê brinca indolente com ela e isso se dá quando o rio é azul-claro. Quando bebês brincam, bruxas carregam; quando bruxas carregam merda, bebês brincam de cotovias. E isso tudo – passa? Como passa o rio, passa a bruxa?

E mais: O que é exatamente brincar indolente? Bebê brincalhão? Estaria ele brincando *de* (ou, simplesmente, *com*)? Quando há pérolas e cotovias, as flores são "dentes"-de-leão e narcisos, e delas nascerá uma bruxa. Pérola brilhante, brilho perolado, à sua esquerda – e não na mão esquerda. Não se menciona a mão esquerda. Talvez brilho perolado seja ser deixado "à esquerda ao redor dos brotos de flores de narciso" (assim como está, sem pontuação), e quando a pérola é deixada ao redor (Será porque não há mão esquerda? Será porque a bruxa carrega a caixa?), então o rio é raso. De qualquer forma, sabemos que isso acontece quando o bebê está sentado brincando indolente com uma cotovia na mão direita, ou com uma cotovia de mão direita, uma cotovia destra. Flores ao seu redor germinam uma bruxa, enquanto um cantar de cotovia pode ser ouvido junto à brincadeira com pérolas, e uma caixa de merda.

Continuando assim nesse ritmo cantado, cantando os versos das imagens como uma cantiga de roda ou uma fuga (ou recitando-os como se recita James Joyce ou Gertrude Stein), notamos que começa a ressoar uma significância mais profunda. A própria imagem se amplifica sem o ato da amplificação, isto é, ganha volume pelo processo que Berry denominou "reafirmação" (*restatement*). Em alquimia, o termo empregado é *iteratio* da *prima materia*: trabalhar e re-trabalhar o mesmo material opaco "não psicológico", fazendo surgir cada vez mais padrões psíquicos e possibilidades de conexões. A psique emerge não em mensagens diretas contidas em significados interpretativos, mas, sim, dispersa ou oculta no labirinto da imagem. A reafirmação e a *interatio* são também maneiras de se admitir que se está perdido diante de uma imagem – o que, por sua vez, aumenta seu valor.

Se acaso, durante sua terapia, você tivesse um sonho como esse, uma analogia após outra teria levado à compreensão das suas fantasias e de seus comportamentos, suas ambições, seu estilo de reflexão e sua sexualidade, suas atitudes em relação a você mesmo, à vida, a velhas senhoras, bebês, crescimento e merda. O sonho teria acumulado valor, aquele senso de abrangente importância que tendemos a chamar de arquetípico. "Arquetípico" é, pois, agora o resultado de uma operação, dado não com a imagem, mas com o que acontece com ela – a função de *criar* ao invés da função de *ser* (falarei mais sobre a natureza específica desse "criar" e sua relação com o cultivo da alma num capítulo posterior). A imagem cresce em valor, torna-se mais profunda e envolvente, ou seja, fica mais arquetípica à medida que seu contorno é elaborado. Aqui, seguimos estritamente Jung quando diz:

> A imagem e o significado são idênticos; e quanto mais a primeira toma forma, mais o último torna-se claro. Na verdade, o padrão não precisa de interpretação: ele retrata seu próprio significado (*OC* 8, § 402).

Ele retrata seu significado: faz um retrato de, um quadro de. Surge uma forma e, com ela, o significado. Criar imagem é igual a significado. E tudo isso sem recorrer ao nosso método interpretativo usual.

Questionador: Mas tenho que intervir, pois acho que você está mesmo interpretando. Você conduz seu canto por uma direção apenas – rumo à condenação do brincar indolente. Você é contra sentar-se como um bebê e refletir e ter uma cotovia. Eu poderia ter re-cantado a mesma passagem destacando a importância do cantar, do lado esquerdo, do brilho que permite que o rio da vida carregue para longe nossos excrementos, como a bruxa estava fazendo. Em outras palavras, a imagem poderia servir para sentirmos o papel mantenedor da Mãe-Natureza e o valor da passividade brincalhona.

Sem dúvida, uma imagem nos toca em algum complexo e, óbvio, inclinamo-nos a cantá-la na direção do complexo. Não existe um trabalho puro, objetivo ou científico com imagens. Somos sempre nós mesmos na imagem e, por causa disso, inconscientes.

Não obstante, seu procedimento, *Questionador*, é interpretativo na medida em que elege um ou dois temas e os arranja de acordo com um significado ("papel mantenedor da Mãe-Natureza e o valor da passividade brincalhona"). Você deixou de fora as palavras azul-claro, raso, narciso; não encarou as palavras reais como "dente-de-leão", "brincar" e "broto (bebê) de narciso". Respeito seu ponto de vista, mas você há de notar que nosso procedimento é diferente. Você não se ateve à imagem, ao passo que meu movimento parte da imagem e a ela sempre retorna. Além disso, eu acrescentaria seu protesto ao canto, como um comentário rabínico adicional, um enriquecimento, ao invés de uma interpretação alternativa. Insisto: O que fizemos não foi interpretação.

Talvez devêssemos examinar alguns dos passos habituais em interpretação, a fim de perceber o que *não* fizemos com a imagem.

1) Não amplificamos os símbolos (bruxa, rio, pérola etc.) buscando suas referências folclóricas, mitológicas ou algo que o valha.

2) Não tentamos destacar ou atribuir mais importância a alguma parte em especial. Não imaginamos o sonho a partir de uma figura central como "o rio raso" ou, no outro exemplo, "o cisne morto". Talvez esse seja um movimento válido no sentido de desviar a configuração inicial e criar uma nova imagem para atingir algum objetivo terapêutico; mas, seria essencialmente um procedimento interpretativo e não imagístico, que põe as imagens a serviço de uma visão global delas.

3) Não lemos as imagens simbolicamente, ou seja, rio, bruxa e merda enquanto símbolos da Grande Mãe da Vida (Kali). Esse caminho leva à interpretação do *Questionador* que, na verdade, distorce as imagens. Pois, nesse caso, o rio é azul-claro e raso e não é como uma bruxa e não carrega merda (a interpretação iria, logicamente, levar adiante essa abordagem, insistindo que os aspectos azul-claro e raso são as atrações da *anima*, tendo em seu polo oposto a bruxa e o esterco, da mesma forma que Kali apresenta esses "lados" contrastantes).

4) Não adotamos um modelo desenvolvimentista, atribuindo funções psicodinâmicas às imagens: o cisne como a "função sentimento morta"; o fato de correr com a perna direita machucada como "extroversão inferior"; a bruxa como um "ainda não superado complexo da mãe".

5) Tampouco colocamos emoção, nem a buscamos, nem a abstraímos (como um sonho horripilante, ou um sonho pra-

zeroso). Tentamos deixar que o sentimento inerente à imagem permanecesse na imagem, o estado de humor dentro da cena.

6) Também não forçamos a imagem numa narrativa de sequências dramáticas: sentado e brincando enquanto a vida passa, levando-nos aos narcisos e terminando na merda do complexo materno. Ou, no outro exemplo: saindo em direção da luz do dia é o resultado, o fim da história, a resolução dramática. Uma imagem não possui *lysis*. Ela segue sem "resolver-se". Uma imagem não pode ter uma *lysis* porque não é um drama – a menos que a encaremos como tal.

7) Sem drama não precisamos de um combatente. O sonhador, portanto, não tem um papel central como herói, mas está costurado de modos específicos ao padrão da imagem.

8) Não moralizamos a imagem, tomando algumas de suas partes como positivas e outras como negativas, nem a julgamos como progressiva ou regressiva.

9) Não a programamos, fazendo derivar dela uma indicação de ação (o sonho como mensagem): "Você não deveria deixar o feminino carregar a merda para você". Ou esse sonho lhe previne da "fraqueza de seu lado direito", ou do "poder da mãe em lidar com a morte" (cinco flechas). Ou ainda: "Volte à caverna e converse com o cisne para revivê-lo".

10) Não sexualizamos a imagem, o que poderia ocorrer em termos do brincar com pássaros e pérolas na mão.

11) Não a patologizamos: olhar a mulher como uma bruxa em cuja caixa há merda ou, no outro exemplo, concentrar-se no joelho sintomático e na ansiedade.

12) Não personalizamos a imagem, identificando as figuras com o sonhador ou com qualquer pessoa de seu convívio. Assim, não inserimos diretamente o sonhador na imagem e,

no entanto, ela sempre remete indiretamente a ele e a seu ambiente por meio de analogias (do método analógico que David Miller usa para ensinar a relevância dos mitos). Talvez tenhamos personalizado a imagem ao mostrarmos a "atitude do ego", e assim nos referirmos ao sonhador como se ele fosse a figura na caverna, ou perto do rio. Geralmente, essa abordagem ao sonhador transforma-se num desnudar do sonhador em função do que ele deveria ter feito no sonho: No ponto certo você fez um movimento errado, e deu mau jeito no joelho. Se não tivesse virado errado, não teria machucado o joelho e tudo teria acabado bem. Ou: Você não deveria correr do escuro, ou não deveria descer tão fundo ao seu inconsciente para não ser engolido. Ou: Você matou o seu animal e não consegue encarar esse fato.

13) Não tentamos corrigir o sonho dizendo como ele deveria ter sido.

14) Não mitificamos – o que poderia ter sido feito com narciso, brilho e água; também não associamos a imagem a um *locus* arquetípico no complexo materno, ou no *puer*, ou qualquer outro deus.

Não obstante, e isso é digno de nota, muitas dessas *implicações* da imagem – e aqui me reporto novamente a Patricia Berry – surgiram na medida em que fomos recitando o sonho e tecendo seus componentes. As interpretações foram consequências indiretas desse processo. Tudo o que fizemos foi "ficar com a imagem", ou seja, mantivemos-nos fielmente próximos ao texto original. É Berry quem destaca que ambos, texto e contexto, referem-se à tecedura:

> A palavra *texto* está relacionada com "tecedura". Assim, ser fiel a um texto significa sentir e seguir sua tecedu-

ra [...] o sonho é sensorial, tem textura, está tecido em padrões que oferecem um contexto finalizado e completo. [...] A imagem em si tem textura[2].

O que fiz no nosso exemplo foi pôr em operação essa sua abordagem ao sonho.

Imagem arquetípica – 2

Deixemos que o *Questionador* comece: Toda a especulação até agora dependeu de imagens poéticas. Meu deus – cisnes! E agora cotovias e bebês! Vamos ver se você pode extrair alguma coisa de arquetípico *deste* sonho, um sonho "feijão com arroz", sem grandes símbolos, talvez até sem nenhum símbolo.

> Minha *irmã* está dirigindo meu *Chevrolet* e tem uma lata de *cerveja* a seu lado. Ela encosta no *meio-fio* para *telefonar*, pois a *pia da cozinha* precisa de reparo. Eu posso ver pela *janela* da cabine telefônica que ela está sem *moedas* de 10 centavos para telefonar.

Como já mostramos no exemplo das sacolas de supermercado, pode-se achar símbolos em qualquer lugar, se trabalharmos com amplificações partindo das palavras. Então, aqui também podemos "encontrar" símbolos: Chevrolet como uma carruagem psicodinâmica, irmã como alma, a cerveja como uma bebida ritual fermentada feita, ou geralmente servida, por mulheres, a moeda como um pedaço de prata...

Mas nesse exemplo real (no estilo do realismo social) somos levados a pressentir ecos poéticos e simbolismo. Somos desafiados a ser arquetípicos sem ser simbólicos, e sem o res-

---

2. BERRY, Patricia. *O corpo sutil de Eco.* Trad. Marla Anjos e Gustavo Barcellos. Petrópolis: Vozes, 2014, p. 76.

paldo de valores semiembutidos em "grandes" palavras, como flores, pérola, merda etc. Dito isso, comecemos a jogar e mãos à obra.

Quando minha irmã dirige, então sua pia da cozinha precisa de reparo. Quando minha irmã dirige, ela telefona da rua. Ou é o meu Chevrolet que está dirigindo minha irmã, e este é o resultado do mau funcionamento da pia de cozinha do meu lado irmã da vida? Ou seja: Será que a pia da cozinha que precisa de reparo do meu lado-irmã da vida é quem dirige por trás de minha irmã ao volante do meu Chevrolet? Ela não tem uma moeda de 10 centavos quando tem uma cerveja. Ela está fora de si de cerveja? Eu enxergo minha irmã através de uma cabine. Eu só enxergo através quando minha irmã está numa cabine atrás de uma janela; apenas quando ela encosta o carro. Apenas quando ela telefona. Onde há uma irmã telefonando, não há uma irmã dirigindo. Alternadamente, há uma irmã telefonando e uma irmã dirigindo, e o que acontece entrementes é encostar. Então, o que me diz essa imagem sobre meu impulso-irmã? Diz que consigo vê-lo quando está "encabinado", porque aí há uma janela para ele. "Encabinar" é tanto um jeito de telefonar, de entrar em contato, quanto de distanciar-se (*tele*), de estar encerrado em uma parede de vidro. Quando vista através, ela não tem nem uma moeda de 10 centavos – por isso está parada no meio-fio, estacionada para ter sua pia consertada. Seu tipo de pia, seu lugar de escoar é na cozinha. Será escoar seu modo de estar na cozinha? Na cozinha é onde ela se escoa – e é por isso que ela liga para pedir conserto.

Por aí acho que aprendemos que uma imagem não tem que conter quaisquer símbolos ou motivos que normalmente são considerados arquetípicos. Uma imagem, para funcionar, não precisa ser aflitiva, chocante ou doente. Também não tem que ter sua emoção literalizada ("senti-me assustada"). Não são precisos grandes afetos ou palavras explicitamente emocionais para que se sinta o estado de espírito ou a carga emocional de uma imagem. A emoção, enquanto sentimento textural, humor, acompanha cada imagem. Nenhuma de suas implicações óbvias tem de ser literalmente evidente porque, ao se retratar os padrões de forma precisa, como disse Jung, as implicações emergem. Não temos de saber se devemos tomar a irmã no nível subjetivo ou objetivo, se ela bebe ou não, ou mesmo se o sonhador é um homem ou uma mulher, se tem uma ou sete irmãs, se há um problema financeiro que agora veio à luz etc. Na medida em que trabalhamos o sonho, uma analogia após outra ecoa aspectos de minha vida: minha alma interior, minha irmã exterior, meu problema de dirigir, meu problema com a cozinha, meu problema com a bebida, meu problema financeiro, meus problemas de comunicação, minha depressão que me afunda, como peço socorro e conserto, como tenho meus *insights*, como paro, encosto, e por aí vai. Todas essas analogias podem tecer-se a partir das implicações do sonho, e se tornam precisas através da intrarrelação de toda a imagem. É o mesmo que observar engrenagens funcionando: quando uma faz isto, a outra faz aquilo, e assim por diante. Roda dentada. As imagens me são lançadas em função de meus problemas e da forma como eles atuam em relação uns com os outros. Até mesmo problemas posteriores, antes inconscientes, começam a vir à tona com o trabalho de desfiar a trama da imagem. Também começam a emergir novas implicações e suposições sobre esses problemas.

As implicações e as suposições estavam misturadas na minha recitação. Minha tendência é considerar afirmações do tipo "quando/então" e "somente" como implicações, e as perguntas e conclusões ("portanto") como suposições.

E então, o que é arquetípico? Como ele entra na história? Recusamos seu acesso pela via simbólica do mesmo modo que, nos próximos parágrafos, rejeitaremos a identificação de arquetípico com emoção e com universalidade. Assim, respondendo, acho que devemos atribuir o termo "arquetípico" a todas as múltiplas implicações da imagem. O que faz com que uma imagem seja arquetípica é a riqueza que se pode extrair dela. Uma imagem arquetípica é uma imagem rica, mesmo que aparentemente seja só uma lata de cerveja ou um Chevrolet parado no meio-fio.

Essa riqueza subliminar é uma outra maneira de falar de sua profundidade invisível, assim como Plutão é uma outra maneira de se referir a Hades. Nosso exercício com imagens nos trouxe uma nova apreciação da natureza incomensurável de qualquer imagem, até a mais ordinária, uma vez que ela morre para sua simples aparência cotidiana. Com isso, torna-se insondável, complicadamente mais texturizada. Ao trabalharmos a imagem surgem novas implicações, descortinam-se suposições e analogias. Uma imagem é como uma fonte inesgotável de *insights*. Mitologicamente, estamos agora falando de Hades, que na Renascença neoplatônica era o deus das grandes profundezas, do mistério, do *insight*.

No entanto, a profundidade só apareceu na medida em que nos aprofundamos na imagem, nos perdemos em seus meandros, de forma que, quanto mais fundo mergulhamos, mais profunda ela se mostra. Por um lado, sua essência tornou-se mais evidente – cada vez mais interna, mais coerente. E começou a fazer-se necessária. Cada parte era necessária à outra numa economia rígida, tudo fazendo parte essencial. Por outro lado, tornou-se mais e mais misteriosa e impenetrável. Vale dizer, a imagem ficou mais coerente e mais oculta. Heráclito chamaria isso de "harmonia oculta", o que também se refere aos infernos, ao mundo das trevas (cf. meu *O sonho e o mundo das trevas*[3]). Há uma conexão invisível em cada imagem, que é a sua alma. Se, como diz Jung, "imagem é psique", então por que não dizer "imagens são almas", e que nosso trabalho com elas é encontrá-las nesse nível de alma? Mencionei isso em outro trabalho, como "amigar" as imagens, e em outro ensaio falei de imagens como animais. Agora estou levando esses sentimentos adiante para demonstrar operacionalmente como podemos encontrar a alma na imagem e compreendê-la. Podemos imaginá-la ativamente pelo jogo das palavras, que também é uma maneira de falar com a imagem e deixá-la falar. Observamos seu comportamento – como a imagem se comporta nela mesma. E observamos sua ecologia – como ela se interconecta, por analogia, aos setores da minha vida. Isso é realmente diferente de interpretação. Nenhum amigo ou animal quer ser interpretado, apesar de clamar por compreensão.

Igualmente, podemos chamar a insondável profundidade da imagem de amor, ou ao menos admitir que não podemos chegar à alma da imagem sem amor à imagem.

Uma vez atingida a alma da imagem, muitos dos gestos interpretativos mencionados anteriormente tornam-se des-

---

3. HILLMAN, James. *O sonho e o mundo das trevas*. Trad. Gustavo Barcellos. Petrópolis: Vozes, 2013 [N.T.].

necessários. Eles podem ser considerados meios pelos quais se confere alma à imagem, conectando-a literalmente à pessoa do sonhador. Mas as conexões ocultas são as melhores, disse Heráclito, porque existem *a priori* na pessoa que as sonhou. Elas não têm de ser forçadas à vida literal (exterior) por associações pessoais ou interpretações personalísticas. Podemos fazer com que o sonho tenha importância sem ter de reduzi-lo ao plano pessoal (falaremos sobre os vários movimentos redutivos que os analistas utilizam a fim de fazer com que os sonhos tenham importância). Logo, todas essas distinções entre interior e exterior, pessoal e arquetípico, subjetivo e objetivo são, no máximo, heurísticas. Quando trabalhamos a imagem por meio de analogias metafóricas, as conexões ocultas ramificam-se por todos os níveis e em todos os lugares. Operacionalmente, previnem as separações naqueles pares teóricos.

A propósito, duas coisas devem ser notadas. Primeiro: nosso método pode ser utilizado tanto por analistas como por não analistas. Não requer conhecimento especial – ainda que o conhecimento dos símbolos possa ajudar culturalmente a enriquecer a imagem, e saber idiomas, com um certo vocabulário, ajuda a ouvir além da imagem. Ao deixarmos que a imagem fale por si, estamos sugerindo que as palavras e seus arranjos (sintaxe) são minas de alma. Mas minerar não requer modernos aparatos tecnológicos (se precisasse, ninguém teria sido capaz de compreender um sonho ou uma imagem até o advento da psicologia moderna!). O que ajuda a minerar é ter o olho adaptado à escuridão (mais tarde, trataremos da questão do *treinamento* – como treinar o olho para ler a imagem e o ouvido para ouvi-la). Segundo: nosso método não deve ser tomado literalmente, como se todos os sonhos devessem ser trabalhados segundo a "nova técnica verbal de Hillman". O que está apresentado aqui não são demonstrações de um "novo método", mas um modo pelo qual podemos expor algumas considerações práticas e teóricas a respeito de imagens. Há toda uma gama de coisas que se pode fazer com sonhos e outras imagens. Da maior importância é reconhecermos o que temos aceito e feito em análise, e o que mais pode ser feito, quantas imagens podemos ouvir se prestarmos mais atenção ao que elas dizem.

Com isso podemos ensaiar uma hipótese sobre o que faz uma imagem ser "arquetípica". Já vimos que nossos critérios axiomáticos – estrutura dramática, universalidade simbólica, emoção forte – não têm validade em nossas operações reais com imagens. Ao invés disso, percebemos que a qualidade arquetípica surge a partir de: (a) reprodução precisa da imagem; (b) ficar com a imagem enquanto a ouvimos metaforicamente; (c) descobrir a necessidade inerente à imagem; (d) experimentar a riqueza analógica incomensurável da imagem.

Visto que qualquer imagem pode satisfazer esses critérios, qualquer imagem pode ser considerada arquetípica. Usar a palavra "arquetípico" como descrição de imagens torna-se redundante. Ela não tem função descritiva. O que então ela indica?

Ao invés de *indicar* alguma coisa, a palavra "arquetípico" *chama a atenção para* alguma coisa, que é o *valor*. Ao acrescentarmos o epíteto "arquetípico" à imagem, estamos dignificando-a e reputando-lhe a significação mais ampla, rica e profunda possível. "Arquetípico", da maneira como usamos, é uma palavra de importância (no sentido que lhe dá Whitehead), uma palavra que dá valor.

Descobrimos que a palavra não destaca uma imagem das demais: a imagem do Chevrolet-cerveja-moeda ofereceu-nos tanta riqueza e profundidade quanto aquela da caverna-cisne--joelho, apesar desta ser mais simbólica. Mesmo não trazendo nenhum dado descritivo adicional, o termo "arquetípico" valoriza a imagem ao aludir à fecundidade (Langer) e à generatividade (Erikson). Precisamos dele para estimular nossa pesquisa, para fazer-nos sentir a importância transcendente da imagem. A fecundidade e a generatividade sugeridas pelo "arquetípico" são de um tipo especial numa direção especial. Isso foi indicado pelo uso que fiz das palavras *incomensurável, padronizada, oculta, rica, anterior, profunda, necessária, permanente*. Usei-as para dar um sentido de valor. Todas as imagens crescem em valor quando seu volume aumenta pelo nosso trabalho de construção da imagem.

Se levarmos essa conclusão a outras situações nas quais empregamos a palavra "arquetípico", à nossa própria psicologia, então, com psicologia arquetípica queremos dizer psicologia de valor. E nosso movimento apelativo visa restituir à psicologia seu mais amplo, rico e profundo volume, de forma a ecoar a alma quando descrita como insondável, múltipla, generativa e necessária. Todas as imagens podem adquirir esse sentido arquetípico; portanto, toda a psicologia pode ser arquetípica quando liberta de sua superfície e vista através de seus volumes ocultos. "Arquetípico" aqui se refere a um gesto, e não a uma coisa em si. Do contrário, a psicologia arquetípica torna-se apenas uma psicologia dos arquétipos.

"Apenas uma psicologia dos arquétipos" significa considerar arquetípico como um adjetivo derivado de um substantivo. A esse substantivo, arquétipo, podemos dirigir qualquer pergunta sobre o "arquetípico". O que então nos leva a um sentido denotativo de arquetípico, como descritivo de estruturas fundamentais, abstrações pressupostas, extraídas de mitos e textos religiosos, de instituições sociais (como a família e o Estado), do comportamento animal (como fazer ninhos), de ideias filosóficas e científicas (como causalidade), de formas de arte (como épicos).

Na maioria dos contextos nos quais encontramos a palavra arquetípico, especialmente em relação à imagem ("*esta é uma imagem arquetípica*"), ela pode ser prontamente substituída por algum dos substratos em que se baseia: mítico, religioso, institucional, instintivo, filosófico ou literário.

Mas há uma diferença de sentimento entre dizer "o círculo é uma ideia científica ou filosófica" e dizer "o círculo é uma ideia arquetípica". Arquetípico acrescenta ainda as implicações de uma estrutura original básica, geralmente humana, um universal necessário e suas consequências. O círculo não é apenas uma ideia científica qualquer; ele é básico, necessário, universal. Arquetípico confere este tipo de valor.

Contudo, se implicação de valor é entendida literalmente, começamos a crer que essas raízes básicas, esses universais *são*. Passamos de um adjetivo valorativo para uma coisa, e inventamos substancialidades chamadas arquétipos, que podem corroborar nosso senso de valor arquetípico. Então, somos forçados a reunir evidência literal em culturas pelo mundo afora e formular teses empíricas sobre o que se define como indizível e irrepresentável.

Não precisamos tomar o adjetivo arquetípico nesse sentido literal. Assim, as implicações de básico, profundo, universal, necessário, todas essas implicações levadas pela palavra arquetípico, valorizam ainda mais qualquer imagem em particular.

Infelizmente, contudo, é o sentido literal de arquetípico que prevalece. Então, quando uma imagem é dita arquetípica, significa convencionalmente que estamos diante de um padrão instintivo básico, uma ideia filosófica fundamental ou um tema religioso universal. Bem, se o conceito de arquetípico foi parar aí, onde estará a psicologia? Será que não caímos numa metapsicologia, até mesmo numa metafísica, examinando uma plêiade de abstrações e reunindo evidências para literalizá-las ainda mais? Se é aí que estamos, então ou vamos ficar aí e trabalhar com nossos colegas nos campos da religião, filosofia e instituições sociais, ou vamos retornar à psicologia como uma operação contínua com as imagem da alma, onde o termo arquetípico não tem denotação e sim conotação, dá importância e não informação, evoca ao invés de descrever e onde, pelo reconhecimento do valor, avança a investigação sobre nossas imagens.

Uma definição descritiva de "arquetípico" nos coloca de volta no rumo inicial. Estaríamos então investigando as imagens em termos de seus arquétipos e terminaríamos voltando à simbologia: imagens *da* Grande Mãe, *do* herói, *dos* diferentes deuses. Seguir nessa direção seria andar nos calcanhares da psicologia analítica, que poderia ter sido (e foi, às vezes, com Jung, p. ex., em seu *Tipos psicológicos*) uma psicologia de análise e uma análise da psicologia (cf. Wolfgang Giegerich mais adiante nestas páginas) e, ao contrário, passou a ser uma psicologia de analistas por analistas para analistas. Igualmente, estaríamos seguindo o que aconteceu com a psicologia profunda que, a princípio, era uma psicologia mais profunda, que aprofundava a psicologia para além das meras funções conscientes, mas que então se tornou uma psicologia de profundezas literalizadas, ou, "o inconsciente".

À pergunta: "O que é uma imagem arquetípica?", respondemos com uma investigação sobre a imagem (e não sobre o arquétipo), e que nos levou a lugares insuspeitados. A investigação fez com que revisássemos o próprio conceito de "arquetípico", pois achamos que ele não nos "diz" nada diretamente sobre a imagem. Daí surgiram dois modos de se operar com o "arquetípico": o descritivo e o valorativo. Essas podem ser duas direções a se tomar em nosso trabalho. Podemos insistir mais e mais precisamente numa psicologia descritiva dos arquétipos (cf. Murray Stein, mais adiante nestas páginas), ou podemos trabalhar numa revisão da psicologia no sentido valorativo do arquetípico. Esta re-visão do arquetípico sugere que o termo mais exato para definir *operacionalmente* nossa psicologia é revisão. No que fazemos, somos mais revisionistas do que arquetipalistas; ou, evocamos arquétipos (deuses e mitos) a fim de revisar a psicologia. A importância para uma psicologia revisionista de uma psicologia dos arquétipos é que ela fornece um instrumento metafórico mais amplo, mais rico e mais profundo. Ela está de acordo com o valor de alma que queremos dar e encontrar em nosso trabalho.

O perigo, no primeiro modo, é ele se tornar literal; no segundo, é que ele se transforme totalmente num exercício fenomenológico. O primeiro pode coagular-se, de forma que, sem nos darmos conta, ficamos presos a uma nova tipologia – deuses e deusas como modelos estereotipados numa rede fechada que amarra tudo. O segundo pode se tornar desintegrador, de modo que tudo o que fazemos é jogar com palavras num vácuo existencial – isso pode ser tão bom quanto qualquer outra coisa, e assim por diante, em infindáveis analogias. Segundo Robert Romanyshyn, fenomenologia e psicologia arquetípica se necessitam mutuamente. A fenomenologia precisa do sentido de estruturas míticas e seus valores profundos como pano de fundo. A psicologia arquetípica precisa do sentido desliteralizante, por vezes humorístico, da metáfora, atuando no primeiro plano. Logo, os dois sentidos do arquetípico, o descritivo e o operacional, se necessitam. Ambos ocorrem ao mesmo tempo nas imagens, das quais ambos derivam num primeiro momento.

Redução e analogia

O objetivo do trabalho com sonhos é fazê-los ter importância. Os analistas o tentam a partir do emprego de vários tipos de redução. Por exemplo: "Subindo pela rua que leva ao interior da casa" significa penetrar a vagina e o desejo de retornar à mãe = redução sexual. "Subindo pela rua..." é chegar a esta hora em meu consultório, e nosso relacionamento = redução transferencial. "Subindo pela rua..." refere-se à sua atitude em relação a casa, à esposa e à família = redução personalística. "Subindo pela rua..." apresenta a condição básica de vida na terra, viajar, morar e ir para casa = redução existencial.

Todas essas interpretações redutivas – o próprio movimento redutivo – surgem como tentativas ingênuas de materialização do sonho[4]. Como se, pela concentração, pela con-

---

4. Cf. BERRY, Patricia. "Sobre a redução". *O corpo sutil de Eco*. Trad. Marla Anjos e Gustavo Barcellos. Petrópolis: Vozes, 2014.

densação do sonho num significado, ele pudesse ser reduzido ao essencial, e assim ser mais palpável, ter mais impacto.

Podemos também fazer com que o sonho importe por meio de analogias. A analogia segue outra noção de matéria, a da extensão. Ao espalhar o sonho, revelando conexões por todos os lados, uma imagem ganha peso e pode até me deixar sentir que estou caminhando sobre sua base, que estou em todas as partes do sonho, em vez dele em mim.

Analogia é uma palavra usada na anatomia comparada para nos referirmos a uma relação na qual há semelhança na *função*, mas não na *origem*. Por exemplo, há analogias entre a bruxa com a caixa de merda e uma mulher velha e enrugada das lendas, feiticeiras nos contos de fada, a deusa Kali, corpos se putrefazendo em caixões, até mesmo imagens que recordam minha avó, ou uma velha professora fedorenta: elas se parecem; funcionam de modo semelhante; podemos senti-las de maneira semelhante. Mas não precisamos dar um passo além e dizer que a bruxa é uma imagem do arquétipo da Grande Mãe, pois essa relação expressa pela preposição "do" seria então de origem: o arquétipo da mãe gera a imagem da bruxa e outras imagens *do* arquétipo. As analogias nos mantêm na operação funcional da imagem, nos padrões das semelhanças, sem postular uma origem comum para essas semelhanças. O termo operacional é *como*. Isto é como aquilo. Um sonho:

> Há um cão preto, de rabo comprido, que me mostra os dentes. Estou terrivelmente amedrontado.

Fazer analogias é um procedimento bem fácil. Simplesmente perguntamos ao sonhador: "Esse cão, essa cena, esse medo é como o quê?" "Se parece com o quê?" Então temos como respostas: "É como quando há um som repentino e eu pulo de medo; como vir para a análise esperando você botar suas garras em tudo o que eu falar; como a raiva – às vezes fico tão furioso (ou faminto) que posso atacar qualquer um que se aproxime de mim; como minha úlcera que fica com raiva e faminta ao mesmo tempo; como minha mãe se parecia – seus dentes; como ir para casa tarde da noite e temer que minha mulher lata para mim, pule em mim; é como morrer – tenho tanto medo –, tão horrível e baixo e degradante; é como um filme que vi quando era pequeno com cachorros pretos, fiquei com tanto medo que tive de ir embora do cinema; como o deus chacal Anúbis; como Mefistófeles, no *Fausto*; como quando fico com tesão – quero arreganhar a carne e comê-la, e trepar como um cachorro na rua, em qualquer lugar; é como se o cachorro fosse uma cobra com um rabo comprido". E daí por diante.

Aqui podemos ver a principal diferença entre fazer analogias e interpretar. Se qualquer uma das analogias anteriores fosse tomada como o significado da imagem, perderíamos os outros. Teríamos estreitado a imagem para um único lugar de significância. Analogias são múltiplas e não se perdem umas às outras; elas também não perdem o cão. Elas mantêm a imagem lá, viva e bem, retornando a ela cada vez em busca de um sentido renovado. A interpretação a transforma num significado.

Fazer analogias é como minha fantasia do Zen, na qual o sonho é o mestre. Cada vez que você diz o que uma imagem significa, você leva um tapa na cara. O sonho se torna um *koan* quando o abordamos através de analogia. Se você pode literalizar um significado, "interpretar" um sonho, você está fora dos trilhos, perdeu seu *koan* (pois o que há é o sonho, não o que ele significa). Então você precisa de um tapa para voltar à imagem. Uma boa análise de sonho é aquela em que se leva mais e mais tapas, mais e mais analogias, o sonho expondo toda sua inconsciência, a matéria básica de sua vida psíquica.

Questionador: Você diz que mais é igual a bom. Quanto mais você puder falar sobre aquele cachorro, melhor, e mais seguro você fica de não saber o que realmente o cachorro significa! Isto é muito genérico. E não consigo ver diferença entre o método freudiano de associação através da memória e o método junguiano de amplificação por meio da história e da cultura. Ambos têm como efeito a perda da imagem – justamente aquilo em que você quer se ater.

Além do mais, analogia me parece impraticável. Em terapia precisamos descer fundo, ir à essência. Certamente, umas duas ou três dessas analogias são mais relevantes para o problema do paciente do que, digamos, os dentes de sua mãe ou o Mefistófeles de Goethe. Não haverá hierarquia entre analogias? São todas igualmente boas? Será que fazer analogias em terapia não depende de uma experiência tipo "eureka!", um clique do paciente que lhe informa quando parar, ou quando você chegou lá?

Como disseram David Miller e Howard McConeghey, saber onde e quando parar é a arte de todas as artes. Este é um conhecimento animal, um sentido animal do essencial – não apenas instintivo, não apenas dado, mas uma refinada arte adquirida pela prática com imagens. Mas não é o tal clique mágico! Uma das "grandes ilusões" da terapia – que eu explico no próximo capítulo.

2 Notas posteriores sobre imagens

A parte anterior dessa investigação, exposta no capítulo precedente (daqui em diante referido pelo número das páginas em colchetes), expôs, por meio de uns poucos exemplos, algumas maneiras de contrastar as imagens com os símbolos, de trabalhar com as imagens e de examinar sonhos como imagens, e finalizou com uma demonstração do valor do desconcertante termo "arquetípico". Agora, aterraremos um pouco mais desse mesmo solo e também ofereceremos algum artifício útil no manejo de sonhos, enquanto imagens.

Assim, o que segue são diversos trechos de um trabalho em andamento, que não são coerentes na continuidade de um capítulo. Entretanto, quero começar a partir de onde parei no último capítulo, a fim de resgatar uma promessa acerca de por que as interpretações que "clicam" estão erradas.

Relativismo radical e o clique

Um provérbio islandês diz: "Todo sonho torna-se realidade na maneira em que é interpretado". Isso afirma várias coisas curiosas sobre os sonhos e suas interpretações. Primeiro: os sonhos realizam-se. Segundo: os sonhos realizam-se por causa das interpretações. Terceiro: existem muitas realidades, visto que existem muitas interpretações. Então, o provérbio leva-nos ao âmago do relativismo radical. Tudo acontece. Existe um deus por trás de todo acontecimento. Todas as analogias extraídas de uma imagem são igualmente válidas. Nenhuma objetividade na qual se sustentar; nenhuma "realidade" verdadeira, porque existem muitas verdades. Ultimamente, nada do que é apresentado numa imagem ou afirmado sobre ela é melhor ou pior do que qualquer outra coisa. A abordagem imagística não é apenas relativista; ela é cínica e niilista.

O provérbio islandês é importante porque diz que o que fazemos com os sonhos realiza-se de algum modo, em algum lugar e, a menos que possamos diferenciar entre uma interpretação certa e aquelas erradas, coisas erradas poderão se tornar verdadeiras.

Questionador: Você parece estar, no mínimo, oferecendo a esperança de um guia prático, um guia que nos permita dizer quando estamos fazendo uma interpretação boa ou correta. Até agora, cada vez que tenho lhe pressionado no sentido de obter indicações precisas, você tem se esquivado, demonstrando menos o que fazer e mais seu fantástico jogo de cintura.

Talvez esse jogo de cintura demonstre o modo tático para responder a perguntas genéricas. Isso expressa dois princípios importantes: *defender questões estratégicas com uma operação tática* e *ficar com a imagem*. Você sabe, não é apenas o que dizemos aqui, mas o como procedemos que mostra nossos métodos. Assim, a respeito do relativismo radical da interpretação, vamos trabalhar com um sonho. Patricia Berry já nos proporcionou um excelente exemplo. Seu artigo inicia com um curto sonho de uma paciente:

Eu estava deitada numa cama em um quarto, aparentemente sozinha, mas com uma sensação de tumulto à volta. Uma mulher de meia-idade entra e entrega-me uma chave. Depois, entra um homem, ajuda-me a sair da cama e me leva para cima, para um quarto desconhecido[1].

Seguem, então, sete diferentes interpretações, qualquer uma das quais podendo ser uma perspectiva convincente e válida – relativismo radical. Contudo, a preocupação de Berry não é com o certo ou o errado dessas interpretações. Ela está mais preocupada com as suposições do intérprete do que com a exatidão da interpretação. Ela está interessada no *insight* que ocorre ao/à intérprete a fim de reconhecer qual linha particular ele ou ela adota para abordar o sonho.

Questionador: E sobre a paciente que teve o sonho?

Temos de ver nossas suposições sobre o sonho, a fim de ver a paciente que está no sonho. A paciente não existe independentemente do sonho ou de nossas suposições sobre ele.

Questionador: A paciente pode corrigir suas suposições. Eu sei quando uma interpretação está correta porque ela "clica".

Chegaremos a este "clique" em seguida. Mas, primeiro, vamos deixar claro o que disse o texto de Berry. Ele nos fez acreditar que mesmo um simples sonho tem possibilidades

---
1. BERRY, Patricia. "Uma abordagem ao sonho". *O corpo sutil de Eco*. Trad. Marla Anjos e Gustavo Barcellos. Petrópolis: Vozes, 2013, p. 69-70.

polissêmicas (muitos significados), as quais aparecem em sete diferentes interpretações.

Questionador: Mesmo que todas as sete estejam corretas, certamente algumas estão mais perto da verdade, ou têm melhores analogias, ou estão mais certas do que outras.

Correto, perto da verdade, melhor – isso nos remete a uma premissa. Deixe-me mostrar a você o que quero enunciar: digamos que o sonho da mulher seja o início de um conto de fadas islandês. A sonhadora parte de sete trajetórias diferentes, uma após outra, obtendo sete modos diferentes de o sonho se realizar. A "interpretação correta" deveria, então, ser aquela que conduz a mulher adiante em relação a qualquer objetivo que ela queira "realizar" em sua vida. Se seu objetivo é o desenvolvimento espiritual por meio da introversão, então a interpretação correta é aquela que diz que ao enfrentar o tumulto interno em reclusão ela recebe ajuda de sua feminilidade interior e é conduzida a um nível mais alto por seu guia espiritual interno (*animus*) (interpretação 5). Mas, se imaginarmos que o objetivo da paciente é o relacionamento sentimental, então a interpretação correta é aquela que diz que quando a paciente está afastada e isolada ela fica confusa, passiva aos acontecimentos e facilmente conduzida a planos superiores por um *animus* desconhecido (inconsciente) (interpretação 2).

Questionador: Concordo inteiramente! Isto é no que sempre acreditei: só podemos interpretar um sonho em relação ao contexto de vida do paciente. Temos que conhecer o paciente e seu problema antes de podermos dizer uma palavra sequer sobre um sonho. A interpretação 5 faz sentido apenas para uma paciente para quem a interpretação 2 seria definitivamente errada e vice-versa.

Mas eu não concordo. Sua conclusão está aquém do que eu pretendia. Você está dizendo que o sonho se adequa ao quadro que a paciente faz de seu problema e seus desejos de resolvê-lo. Então, uma interpretação correta serve à personalidade do ego e a seus desejos centrais. Um sonho se realiza quando ele "clica" com tais desejos. Essa linguagem de "realizar-se" pertence ao desejoso mundo do conto de fadas, como David Miller mostrou e expôs em 1976[2].

"Interpretação correta" pertence a esse mundo também. Vamos tentar, ao invés disso, ver o que o sonho diz – sem suposições sobre o problema da paciente, desejos de resolvê-lo ou interpretações que clicam de tal forma que o sonho se realize.

O sonho põe sua sonhadora "deitada numa cama". O que acontece, acontece a ela enquanto um "eu-deitada-numa-cama" – uma situação que pode significar passividade apática, horizontalidade, Yin etc., mas que acho melhor deixar em suas próprias palavras. Uma chave é entregue para este "eu" acamado, e tão somente para esta posição "eu" específica, por uma mulher de meia-idade. A "chave", o "deitada numa cama" e a "mulher de meia-idade" são uma imagem interconectada. Sem deitar, sem chave; sem mulher de meia-idade, sem cha-

---

2. Cf. MILLER, David. "Fairy tale or myth". In: *Spring 1976*, p. 157-164 [N.T.].

ve. Ser uma mulher deitada numa cama é como receber uma mulher de meia-idade com uma chave.

A chave é entregue (em contraste com dada, passada, oferecida), de forma que esse é o modo como ela obtém uma chave, e pode ser a própria chave. Contudo, a chave não é o que a leva para cima. Ela não vai para cima por estar com a chave, ou "chaveada", mas por ser ajudada e conduzida. Entre a mulher que entra e o homem que entra está a chave que está em suas mãos.

A mulher entra enquanto o ego-onírico está absorvido com o deitar. Será este o *único* modo que a meia-idade pode entrar no seu espaço? Quando a mulher de meia-idade entra, há uma sensação de confusão. A confusão não está nela, mas ao redor dela; não ao redor do quarto, mas ao redor dela no sentimento. Aqui é precisamente quando a mulher de meia-idade entra com a chave, interconectando seu sentimento de estar sozinha e confusa com a personificação da meia-idade. Poderíamos dizer que a chave entregue repousa precisamente num sentimento de confusão, porque é onde a imagem-sonho ocorre, de maneira que ela pode receber a chave da meia-idade.

Quando ela está sozinha, está com seu sentimento. Está com seu sentimento, ainda que aparentemente sozinha. Existe uma disjunção entre sua solidão e sua confusão sinalizada pela palavra "mas". Será que ela espera algo mais além de confusão, quando está sozinha numa cama?

Embora ser conduzida para um andar superior por um homem possa ser interpretado de diversas formas, desde um clímax orgástico até um isolamento paranoide, essas são suposições projetivas do intérprete. Em parte, elas podem ser evocadas no intérprete pelo "quarto desconhecido", ao qual o homem a conduz. Enquanto intérprete, devo ter cuidado, a fim de não encher seu quarto desconhecido com mobílias da minha própria cabeça.

O sonho em si diz apenas que deitar numa cama conduz para cima, que o quarto acima é desconhecido (seu espaço desconhecido está acima de seu espaço deitado, e para chegar lá ela se movimenta, dá alguns passos), que o andar superior lhe ajuda a sair da cama, que "sair da cama" é igual a ajuda, e que o sonho procede do passado para o presente, movendo de "estava deitada" para "ajuda-me a levantar" e "conduz-me". Observamos um hiato marcado pela palavra "depois", de modo que a distinção entre as partes da imagem é anunciada por um advérbio temporal, uma ação na linguagem do tempo; a imagem em si sugere uma história com etapas, passos.

Também observamos a curiosa percepção dentro do sonho de que, quando aparentemente sozinha, a paciente evidentemente não está sozinha, que "sozinha" consteia tipos de realidade – pois ela é, então, invadida por um homem e por uma mulher, ainda que aparentemente esteja sozinha.

Dessa recapitulação do sonho, muito no estilo de nossas demonstrações do capítulo anterior, vemos que as interpretações alternativas 5 e 2 de Berry aplicam-se igualmente bem, ou não. Ao invés de enxergarmos as sete alternativas como caminhos diferentes, um dos quais é o correto ou o verdadeiro, vamos tomá-las como sete aspectos da mesma imagem. Elas estão corretas na medida em que fazem alguma analogia com o sonho; mas estão erradas na medida em que abandonam o discurso do sonho.

Se todas as sete são "imagens da imagem", não há caminho correto (perspectiva correta). Não há necessidade de um clique para nos dizer o caminho; não há uma chave correta para o sonho. O sonho está envolto em suas combinações de imagens e devemos alternar entre todas elas. Contudo, cada pedaço é inerentemente relacionado e necessário a todos os outros pedaços. *Um caminho errado num sonho ocorre quando tomamos um caminho apenas.*

Questionador: Então é assim que uma psicologia politeísta trabalha na prática?

Sim. Erro agora significa unicidade. Os constructos de certo e errado implicam um mundo de exclusões (este ou aquele), e não um mundo polissêmico e polivalente dos sonhos e das imagens. Quando acreditamos na inerente multiplicidade de significado da própria imagem, não podemos forçar o sonho a uma única verdade.

Quando re-fraseio ou re-afirmo o sonho rente a seu próprio discurso, não tomo nenhum dos sete caminhos que estão relacionados a qualquer um dos sete objetivos da sua vida consciente. Nem tento encaixar o sonho nas minhas noções, ou nas dela, acerca de seu contexto e seu problema. Ainda assim, todos os sete estão implicados na imagem, embora nenhum deles tenha sido suposto pelo intérprete. Fiquei com a imagem...

Questionador: ...mas não interpretou o sonho!

Essa é uma questão aberta. Acredito que interpretei o sonho, visto que o sonho é ele mesmo sua melhor interpretação. Quero dizer, a tradução re-localiza o sonho diretamente no interior de sua vida pelas suposições acerca de sua vida. Ao invés de traduzir o sonho e localizá-lo dentro de um ou outro significado, eu o amplifiquei, permitindo que ele fale em múltiplas reafirmações. As reafirmações servem melhor ao sonho porque a imagem encontra-se usualmente incompleta aos nossos ouvidos não treinados que perdem os sobretons e os subtons. A reafirmação também relaciona sincronicamente o sonho a muitas partes daquela imagem maior que é a vida dela. Então, não estou tomando o sonho fora de sua vida, nem opondo o sonho à sua vida, nem traduzindo o sonho totalmente dentro de sua vida. Melhor, minha interpretação trabalha aprofundando aquela vida, por meio de suas analogias metafóricas com o sonho. Isso pode tornar possível uma imaginação da vida que resgata para si seu sonho.

Questionador: Então, não há interpretação correta e o sonho realiza-se em múltiplos modos. Entendo que isso acontece porque seu método não traduz o discurso do sonho (meia-idade, depois, andar de cima, aparentemente) na linguagem da psicologia (passividade, isolamento, feminilidade interior, *animus*). Mas, ainda assim, como você sabe quando parar? Fazer analogias pode seguir indefinidamente; mais e mais complexidade. Não precisaríamos, ainda, de um "clique" que indicasse quando o sonho se encaixou?

De modo algum! O "clique" é um sinal de unicidade de significado e, na verdade, ele paralisa o processo de fazer analogias, terminando-o com um literalismo: "Ah, isto é o que o sonho verdadeiramente significa". Mas temos de perguntar: Significa para quem, para quê? E a resposta será: Para o ego, que quer um significado para poder usar como uma chave. Suspeito das interpretações que clicam, porque elas implicam um mecanismo preconcebido, no qual o sonho enquadra-se. Uma boa interpretação não "clica", mas "fermenta" ou "colore" ou "ilumina" ou "fere". Os únicos cliques que se referem às interpretações de sonhos são aquelas conexões "quando--então", que mostram onde o sonho mantém-se coeso e como ele é inseparável de nossa vida psíquica. O que é importante é o clique do sonho com ele mesmo, sua necessidade interna, e não o clique do sonho dentro do cenário mental do paciente.

Além disso, se o valor de uma interpretação é determinado totalmente por seu efeito no paciente, então uma conversão barata trabalha tão bem quanto um *insight* sutil; uma sugestão mágica não é diferente de um cuidadoso sentimento; um clichê demagógico equivale a uma verdade eterna. Ou, como a própria Berry coloca:

> Isto [o clique] abre o caminho para um aspecto da psicoterapia pouco diferente do charlatanismo, da neurose transferencial sintônica, da sugestão histérica, da obediência doutrinária, da conversão religiosa e da convicção política. Porque estas também clicam e nelas também o sujeito sente a si próprio transformado para melhor com base nos *insights* revelados[3].

Resumindo em poucas e claras afirmações: uma interpretação do sonho clica dentro de um significado único; se não há unicidade de significado, não há clique. Fazer analogias não termina, pois é um processo de aprofundamento da imagem e a profundidade de uma imagem, tal qual a de uma psique, é infinita. Um sonho bem interpretado, portanto, *con-*

---
3. BERRY. Op. cit., p. 72.

tinua sendo sonhado nas re-afirmações ainda mais completa e vividamente do que na sua aparência noturna original. A interpretação é uma revisão imaginativa que intensifica e amplifica o sonho. O modo pelo qual um sonho realiza-se é o modo pelo qual as verdades emergem do sonho – a partir do processo de fazer analogias. Se o processo vai longe e profundamente, as verdades que vêm são muitas, são radicais e são sempre relativas às imagens do sonho.

Questionador: Não estou convencido, mas apreciei vê-lo defender uma questão estratégica com uma operação tática.

Você não deveria se convencer. O jogo das perguntas acabaria se o *Questionador* cessasse seu questionar.

Imagens e quadros

Por que falamos sobre imagens como se elas fossem quadros? Essa confusão é apenas uma facilidade no falar? É inerente, tal qual a palavra germânica *Bild*, que significa tanto uma imagem como uma fotografia e até mesmo uma pintura? Um *Bildhauer* (escultor) é um talhador de imagens, e um *Bildmaler* (pintor) é um pintor de imagens. Ou a confusão de imagens com pinturas é um resíduo da psicologia das sensações, a qual compreende as imagens e mesmo a imaginação como resíduos das coisas vistas no cotidiano?

Na terapia, a confusão entre imagem e quadro dá problemas: os pacientes acham que eles têm de ver quadros nas suas mentes, a fim de ter uma imagem. Se pergunto a eles por uma imagem do que está acontecendo num problema (da família, das relações sexuais, da raiva), eles tentam *ver* alguma coisa e, quando não encontram nada para ver, dizem que não têm imagem, não têm fantasia. A confusão dá problemas para a teoria também. As pessoas acusam a terapia imagística de ser principalmente visual, portanto ótica e intelectualmente distante, logo insubstancial.

Serão as imagens coisas mentais bidimensionais, planas, para as quais eu olho? Vamos voltar aos sonhos para perguntar.

Quando observo um sonho pela manhã, recordando-o no meu livro de sonhos, ele é como um quadro. Tento vê-lo como ele era, fotografo o sonho em minha mente. Posso até mesmo fechar meus olhos, assim tento obter os detalhes da imagem; muito visual.

Mas quando estou num sonho à noite, ele é como uma cena, e quando sou invadido pelo sonho durante o dia, ele é como um estado de humor. Aqui, o sonho é a constante, e se ele se torna um evento visual para o qual eu olho, depende de minha abordagem. Uma imagem percebida como um quadro pode tornar-se ótica, intelectual e distanciada. Ela ali, nós aqui. Mas, se imaginada como uma cena, posso estar nela, e quando imaginada como um estado de humor, ela está em mim. Isso mostra novamente a utilidade de referir-se a uma imagem como contexto, estado de humor e cena; quando considerada nessa luz, uma imagem não pode ser algo apenas estabelecido diante de meus globos oculares, ou mesmo diante do olho de minha mente, visto que a imagem é também algo na qual entro e pela qual sou abraçado. As imagens nos sustentam, e podemos estar nas garras de uma imagem. De fato, elas podem vir de nossas profundezas mais viscerais.

Então, a queixa de que a terapia imagística é insubstancial é a queixa de uma consciência que *pinta* suas imagens e considera-as oticamente. Essa é uma consciência que não compreendeu a imagem como um corpo. Talvez, a queixa seja o temor dessas próprias vísceras, e defende-se contra a imagem-corpo ao insistir que as imagens são apenas quadros, apenas coisas mentais vistas, alucinações, fantasmas.

Questionador: Ainda assim, usamos a mesma palavra germânica para ambos, *Bild*; e, em inglês, usamos o mesmo verbo, *ver*, para imagem e quadros.

Porém, não mais exclusivamente. A palavra "imagem" em nossos dias está desvinculada da perspectiva ótica. As pessoas dizem: "Captei a imagem", "Esta não é minha imagem", "Ele arruinou sua imagem". Aqui, "imagem" não se refere a um quadro no sentido de um retrato fotográfico de uma pessoa. Ao invés disso, "imagem" é uma noção complexa de uma pessoa imaginada pela mente.

Mas você está na trilha certa, *Questionador*, ainda que tenha se adiantado. A similaridade vai muito mais além dos dois sentidos de "ver" – percepção e visão. O que torna quadros e imagens semelhantes é a sua qualidade de apresentação. Uma imagem apresenta a si mesma e quadros também fazem isso; na verdade, isso é o que os quadros fazem melhor. Eles preenchem o campo da visão com sua presença, atraindo-nos mais e mais para dentro do seu espaço. O que torna as imagens semelhantes a quadros é exatamente essa presença independente da imagem que parece paralisar ou, no mínimo, paralisar-me diante dela, como faz um quadro. Então, não é que a imagem *seja* um quadro, mas a imagem é *como* um quadro. A analogia tem sido confundida com uma identidade, da mesma forma como a visão com a qual se "vê" uma imagem tem sido tomada erroneamente como idêntica à visada ótica, visual.

Assim como um olho quando olha um quadro tanto concentra quanto dispersa, também a mente confrontada com uma imagem começa a movimentar-se mesmo quando imóvel. Essa dupla ação revela níveis e constrói complexidades até mesmo sem deixar a cena, mesmo sem ir atrás do objeto mudo ao qual ela é apresentada. Como um quadro, uma imagem tem também bordas. Ela se mantém em si mesma, inerente a si mesma. Ela não conduz a nenhum outro lugar, como faz uma história. Assim, a atividade da mente não pode encontrar lugar para ir exceto mais profundamente para dentro da imagem. O tempo não entra nos quadros. Quando alguém olha para um quadro, não importa onde o artista colocou primeiro seu pincel, ou o que ele pintou por último. Não podemos dizer que sua última pincelada decidiu a pintura e que foi sua *lysis*. Todas as partes estão acontecendo ao mesmo tempo. Sua "alteração mútua", segundo a frase de Coleridge, é também temporalidade mútua, sincrônica. Quando um sonho é escrito até o fim como uma história, o final vem depois do início e é seu resultado. Mas, quando pegamos o mesmo sonho como uma imagem, então a última sentença pode ser ouvida em termos da primeira (ou outra qualquer) e pode resultar na primeira (ou outra qualquer). As conexões entre as partes de uma vida, incluindo seu final na morte, podem ser também tomadas como as imagens correlacionadas de uma imagem maior, e não apenas como uma história através do tempo. Picasso, que foi um pintor, entendeu sua vida como múltiplos autorretratos mirando espelhos, imagens de si mesmo que não podiam narrar uma história através do tempo. Ele disse: "Eu não me desenvolvo. Eu sou".

E podemos acrescentar: eu me encontro apenas dentro dos limites de uma imagem; nossas possibilidades são limitadas pelas dimensões de cada moldura particular.

Nossa confusão de imagem com quadro foi agora clarificada como uma analogia entre eles. E essa analogia com quadros pode ensinar-nos alguma coisa sobre como olhar para uma imagem. Certamente aprendemos que não há lugar algum a mais para olhar, exceto para ela mesma ou para dentro dela mesma. Ela prende nossa atenção – e o que é atenção senão uma definição primária de consciência? E nossa atenção está presa no presente; então, uma imagem nos torna presentes para nós mesmos, convoca a consciência a estar totalmente presente e atenta. Isso implica que presenciar imagens constrói uma presença exata de consciência (não é de espantar que nos cansemos tão rapidamente em galerias e museus, ou fazendo imaginação ativa).

Também aprendemos que a mudez de uma imagem é essencial para alterar nosso modo mental habitual de experimentar as coisas via linguagem, ou seja, em histórias feitas de sentenças, esticadas no tempo literal, baseadas em palavras, letras... Assim como um quadro interrompe nossa sintaxe, da mesma forma uma imagem interrompe nosso relógio. As pessoas frequentemente falam sobre "imagens eternas", mas agora estamos removendo a metafísica dessa ideia, retornando-a para a experiência operacional. A visão imagística "eterniza" (cf. a seguir), uma vez que nos remove de um modo temporal de considerar as coisas. Não é que as imagens sejam eternas (num reino arquetípico dos deuses), mas sim que elas, como os quadros, têm todas as suas partes acontecendo concomitantemente, simultaneamente. Não há antes e depois, e assim a imagem está sempre acontecendo, eternamente presente. Portanto, para escapar do tempo, produza imagens. (Será por isso que muitos pintores vivem tanto tempo?)

Essas similaridades naquilo que fazemos, sentimos e pensamos quando na presença de imagens e quadros os tornam aparentados, justificando a palavra germânica *Bild* para ambos. Esse parentesco na resposta faz-me acreditar nele mais como algo afortunado que visa confundir os dois (imagem e quadro), fazendo com que mantenhamos seu parentesco como analogia, lembrando-nos de distinguir entre os dois sentidos análogos de "ver". Quando olhamos para cada sonho como um quadro de nós mesmos, ele será então menos uma mensagem que ajuda a programar nossas vidas, e mais um autorretrato nas molduras em cujo testemunho silencioso estamos a refletir mais e mais profundamente sobre nossa natureza.

Fazer-imagem

Questionador: Algo duvidoso permanece na sua demonstração. Por um lado, você fala sobre imagens e quadros. Mas, por outro, o que você está fazendo não é pictórico; ao contrário, é altamente verbal. Por que todo esse interesse no discurso, quando você recém-exaltou a imagem por sua "mudez"?

Cuidado aqui, *Questionador*. Não seja literal sobre mudez, como mudo, simplismos não verbais. A mudez da imagem, eu disse, é uma realização necessária para alterar nosso modo habitual de experimentar através da linguagem, nosso modo habitual de contar nossos sonhos. Nossos modos usuais de discurso podem nos impedir de ouvir o que a imagem está nos dizendo. E um determinante principal do volume de uma imagem reside nas múltiplas implicações de suas *palavras*. Para obter esse volume, essa amplificação, temos de abrir caminho por meio das regras designadas para as palavras pela gramática e pela sintaxe; temos de quebrar o literalismo das partes do discurso, pois temos sido sentenciados por nossas sentenças. O fundamento de nosso inconsciente coletivo e sua unicidade mental não imaginal está alojado na gramática e na sintaxe. Estamos inconscientes no próprio instrumento da nossa consciência: nosso discurso.

Então, para trabalhar com imagens precisamos mais do que simbologia, mais do que psicologia em seu senso analítico psicodinâmico, e mais do que arquetipologia. Somos forçados a nos dirigir para o campo daqueles que são especialistas em imagens – o campo da estética em seu sentido mais amplo, e também em uma de suas estreitezas, o escrutínio da imaginação verbal, a poética.

Esse movimento em direção à estética parece uma consequência inevitável do fato de Jung ter baseado a realidade psíquica nas imagens de fantasia, um termo que ele disse ter tomado da tradição poética (*OC* 6, § 743). Sua teoria das imagens anunciou uma base poética da mente, e a imaginação ativa pôs isso em prática, mesmo quando Jung continuou usando linguagem científica e teológica para suas explicações. Parte do que a psicologia arquetípica está tentando fazer é seguir Jung consequentemente ao longo das linhas que ele abriu, mas que não prosseguiu. Uma dessas linhas é a poética:

a exploração do fazer-imagem em palavras. Vamos examinar como isso é feito.

Você observou no capítulo anterior que as palavras do sonho, que se considera serem símbolos, as palavras que se procura amplificar, são *nomes* – por exemplo, seta, caverna, cisne, perna – ou adjetivos usados como nomes, como números e cores. Um jeito de romper com o modo simbólico e retornar ao frescor da imagem seria modificar esses símbolos de tal forma que não possam mais ser pesquisados. Podemos qualificar cisne, joelho ou flecha, movendo-os para trás, a partir dos termos gerais em direção aos nomes particularizados que aparecem na imagem: cisne-caverna, joelho trêmulo, cinco flechas. Podemos ficar ainda mais perto da imagem ao falar das flechas-peitadas, flechas muito anguladas, porque é como as flechas estavam realmente apresentadas no sonho.

Combinações de nomes desse tipo recordam a linguagem semelhante que encontramos nos nomes dos índios americanos: Touro Sentado, Cavalo Louco, Alce Preto; e também em sobrenomes: o Pequeno Jim, o Grande Vermelho, Mac a Faca. Os gregos também falavam dos deuses e deusas dessa forma. Atena ou Poseidon exigem epítetos, como Atena dos Olhos-cinzentos; Atena, a Carregadora-da-Górgona; Poseidon, o Sacudidor-da-Terra; Poseidon, o Cabeludo-do-Mar. Temos de lembrar que o modo como a nossa consciência monoteísta concebe os deuses, como abstrações distintas que podem ser organizadas num dicionário, não é o modo como essas figuras aparecem na imaginação politeísta. Os gregos não tinham índice e nem mesmo um livro de mitologia.

Avançamos agora ao qualificar os nomes mais especificamente com adjetivos. Mas, ainda assim, os nomes são as palavras-chefes (*Hauptwörter*) que carregam o peso, e os adjetivos são secundários, apenas ad-jetivam ou vestem os nomes.

Podemos ir ainda mais adiante, seguindo Berry e a ideia da *reversibilidade* da imagem. Se as várias partes de uma imagem são reversíveis, então por que não as partes de seu discurso? Vamos imaginar uma flecha azul num sonho. "A flecha é azul" também pode ser afirmado como: o azul é como flecha; é flechável, flechado; é flechante.

Não apenas a sua flecha – e estou falando com o sonhador – leva-lhe para o azul, vem do azul, traz os azuis, parece o azul verdadeiro, e assim por diante. Mas também, ao contrário, seu azulamento vem em uma forma de seta, direto como uma seta, agudamente flechante. Você tem um azulamento flechante, e a natureza do azul em você, de acordo com esse sonho, é penetrante, veloz, flechante, alada, contínua, aerotransportada, voadora, certeira...

Tomemos aquele outro exemplo: "a cobra preta" pode expressar que a sua cobra é preta e também que o seu pretume é serpentiforme: rastejante, oculto, reptiliano, ancestral – e quaisquer outros adjetivos que necessitemos para dar uma qualidade de cobra para o preto.

Princípio: não apenas as imagens podem ser revertidas; o ato de reverter é um passo no fazer-imagens.

Aviso: a reversão algumas vezes pode ser auxiliada pelo *trocadilho*. Trocadilhos torcem uma palavra num outro sentido: cisne na caverna, uma caverna cisne, uma caverna em cisne. Similares aos trocadilhos são os colapsos elípticos: sua flecha é sua "ostra" – você pode abri-la como uma *bluepoint*[4].

---

4. *Bluepoint* são pequenas ostras comestíveis, normalmente servidas cruas, originárias de Blue Point, na costa sul de Long Island, EUA [N.T.].

Joyce foi o mestre desse jogo de palavras imagístico. Mas, na maior parte das vezes não somos mestres e, ao invés de seguirmos Joyce, seguimos o jogo de palavras meio esquizoanímicas de sua filha, que não constrói uma imagem, mas desliza para fora delas lateralmente, um salto elíptico sobre a sombra, o que Jung chamou associações-de-som, uma diversão sem corpo.

Esses exemplos – caverna e cisne, saborosas ostras *bluepoint*, diversão – não fazem uma imagem, nem ajudam com as que temos. Possivelmente em outro contexto, em mãos de outro sonhador ou escritor, eles poderiam ser importantes porque ressoariam. Mas, aqui, esses trocadilhos trabalharam surrealisticamente, permanecendo num sentido dadaísta da imagem, uma surpresa sem alma, o mundo do sonho sem seu sentido subterrâneo. Há trocadilhos e trocadilhos – alguns são raios de iluminação nos quais o jogo com as palavras descortina a profundidade e cria intensidade. *Poiesis*. Mas outros, tais como esses, nos conduzem apenas para as palavras (não às imagens) pelos significados de associações irrelevantes, tais como ostras. Essas associações, então, direcionam a atenção para elas mesmas, tanto que logo abandonamos a flecha azul na procura de pérolas, repolhos e reis. Palavras têm magia. Elas podem inflar, arrebatar-nos em voos maníacos, forjar mundos para se viver – tudo defesas contra a imagem. Protegemo-nos do repuxo atrativo das palavras ao "ficarmos com as imagens". Por meio dessa máxima, podemos testar o valor de qualquer trocadilho.

Olhemos novamente o que fizemos com aquela flecha azul. Em primeiro lugar, parecia como se a flecha *azul* fosse menos um símbolo e mais uma imagem do que apenas flecha. Mas, de fato, seguindo a gramática usual na qual nomes carregam adjetivos, a adição do azul à flecha deu ao nome ainda mais peso e substância. Fizemos um movimento, porém não longe o suficiente. Embora a flecha tenha ganhado qualidade mais precisa, ela também se tornou mais fixada, mais substancial. Realmente, seu poder nominativo aumentou em virtude do adjetivo azul.

Então, revertemos a gramática. Libertamos o substantivo de sua fixidez, a flecha de ter de ser tão agudamente fincada em sua própria substancialidade. Também ela pode ser um qualificador, ainda que presente ela mesma de múltiplas maneiras — adjetivo, advérbio ou verbo (flechar, estar flechando, flechada). Dissolvemos a substância nominativa (a flecha nomeando uma coisa) em metáfora (a flecha como uma ação veloz e como qualificação multifacetada). Visto que essa ação verbal e qualificação adjetival também sempre mantêm sua substância nominativa (o nome, flecha), a metáfora ecoa na própria palavra. Soa como várias partes do discurso, representando vários papéis, a qualquer momento. Deixamos de escutar apenas em um único sentido.

Outro princípio: onde a visão simbólica tende a *substantivar* (fazer substantivos de) até mesmo adjetivos e verbos, a visão imagística tende a *dissolver* substantivos em qualidades e ações. *As palavras-chefes em uma imagem não dependem de sua gramática.* Estamos trabalhando rumo àquilo que Rudolf Ritsema chamou de uma sintaxe do imaginal: as partes do discurso liberadas de suas obrigações narrativas que as ligam dentro de uma sequência de tempo para contar a história.

A visão imagística das palavras liberta-as de terem de se submeter à razão lógica e à definição operacional. Nenhuma palavra se restringiria a significar apenas uma coisa de acordo com seu uso operacional. Ao invés disso, a extensão total de qualquer palavra, todos os seus significados e todas as suas possibilidades gramaticais poderiam ser trazidos para dentro de qualquer contexto nos quais as palavras aparecem. Libertadas dos grilhões do uso gramatical, as palavras não mais nos submeteriam a leituras causais dos sonhos (isto causou aquilo, sujeitos atuando sobre os objetos, auxiliados por advérbios e adjetivos, preposições e conjunções). Seríamos capazes de ler um sonho como lemos um poema metafísico ou lírico, como uma afirmação imagística. As palavras num sonho, como aquelas num poema, não seriam responsáveis por quaisquer princípios semânticos acima e além da imagem, princípios que ditariam o que as palavras significam e como elas devem enquadrar-se juntas, independente da sua aparência. Ao invés da gramática e da sintaxe determinarem o que é expresso no sonho, as palavras no sonho ganhariam seu sentido a partir de sua inteligibilidade inerente (o anjo na palavra) e da ajuda de seus amigos, a comunidade ou contexto da imagem na qual as palavras estão. E o primeiro movimento nessa dissolução da gramática é o abandono dos substantivos.

Se pudermos efetivamente abandonar nossa dependência dos substantivos, teremos dado um passo importante para além da perspectiva simbólica. Esta necessita de substantivos e transforma outras partes do discurso em substantivos. Por exemplo, o adjetivo *vermelho* precisa tornar-se o nominativo, vermelhidão, a fim de ser amplificado como um conceito universal. O vermelho move-se de uma coloração, de um qualificador emocional, para uma qualidade que pode permanecer isolada como uma abstração simbólica. Portanto, pode-se discutir o significado simbólico de vermelhidão separadamente de qualquer imagem na qual ele apareça. Esse movimento conceitual de adjetivos para substantivos também é realizado com os verbos. O verbo *caçar*, para a perspectiva simbólica, torna-se o motivo geral da caçada, um conceito que podemos pesquisar num dicionário de folclore, na arte primitiva ou num índice de referência. A visão simbólica exige conceitos e, então, ela inicia com substantivos. Eles são os *Hauptwörter* (substantivos).

Mas, para a perspectiva imagística, os próprios substantivos perdem sua função exclusivamente substantiva e substantivante. Essa função, na verdade, é vista como apenas um dos muitos modos pelos quais uma palavra pode funcionar, de forma que cada e qualquer palavra torna-se múltipla e pode ser lida como uma metáfora. Se no capítulo anterior rompemos com nossos hábitos usuais de ler o sonho, ao removermos a pontuação, agora estamos rompendo com outro hábito usual que identifica as palavras com suas regras gramaticais. Os substantivos não ficam limitados a representar os papéis dos sujeitos e dos objetos das ações, portadores de qualificadores, nomeadores das coisas. Uma flecha pode flechar, ser flechante, "flechalizar". Essa des-substanciação auxilia a desliteralização.

Questionador: Não consigo entender por que você tem de destruir o discurso normal, a fim de desliteralizá-lo. Certamente você pode fazer uma metáfora apenas pelo modo como você *ouve* uma palavra. Aquele verbo "caçar", quando usado por um acadêmico, numa biblioteca, na pista de uma referência obscura, ou por um analista que está na pista de uma ansiedade escondida ou de um significado camuflado, já é metafórico. Não precisamos falar em termos de eles serem caçadores ou nos termos de sua busca caçadora para construirmos ou ouvirmos uma metáfora.

Totalmente certo. Não é necessário torcer as palavras – se você pode ouvi-las ressoar. Para começo de conversa, você ouviu a metáfora, ou não teria transposto para dentro da sua imagem do acadêmico e do analista tais palavras relativas à caça como seguir a pista, rastrear e camuflagem.

Geralmente, não ouvimos e não podemos construir uma imagem. Isso é especialmente verdadeiro com verbos. Alguns podem ser procurados como símbolos: caçar, dançar, roubar, rezar, arar, assar. Esses são motivos do folclore e da religião. Mas, e sobre voltar, nadar, correr, olhar e centenas mais que comumente aparecem nos sonhos? Temos a tendência de tomá-los em função de seu valor sem ouvi-los metaforicamente, sem desliteralizar o eco. Ao invés de ressoarem, eles desaparecem enquanto nossa atenção observa "grandes" palavras. Precisamos de auxílios que amplifiquem esses verbos comuns.

Então, um primeiro passo ao imaginar um verbo é mantê-lo conectado a um advérbio: *acelerar desesperadamente, desviar para longe, partir silenciosamente*. Assim, já temos uma imagem se formando. Depois, se revertermos os papéis verbo/advérbio, teremos: desesperar aceleradamente, silenciar partidamente. Ganhamos *insight* por meio do comportamento do ego onírico que acelera seu desespero, cujo modo de silenciar é partir, ou cujos movimentos – para longe – estão na forma de um desvio. Também podemos ganhar *insights* terapêuticos da imagem-verbo como um mecanismo específico; "desviar", por exemplo. Estaríamos vigilantes, durante a conversa analítica, aos desvios de frase, de tópico e de interesse que faz o paciente, porque estes refletiriam sua ausência ou seu modo de resistência, seu estar distante.

Verbos combinados com advérbios e verbos revertidos em advérbios não podem ser pesquisados como símbolos. Pode-se estudar o significado simbólico de sorrir (o sorriso dos deuses) ou de pentear (o pente nos contos de fada) como motivos universais, mas não podemos pesquisar *sorrir timidamente* ou *pentear languidamente*. No momento em que a imagem viva começa a se mostrar, a amplificação falha totalmente. Nenhuma pesquisa sobre os significados de sorriso e timidez pode capturar a imagem.

Palavras oníricas: conceitos x imagens

Questionador: Vamos voltar à flecha e à caverna. Quando você trabalhou a flecha, circundando-a por meio de suas mudanças verbais, tornou-se claro que todas elas poderiam ser incluídas dentro do conceito agressão. Então, qual é a vantagem de falar de flechante e flechar, ao invés de agressividade? Por que inventar palavras como "cavernar" e "cavernosidade", ao invés de dizer capacidade de profundeza (ou de receptividade, silêncio ou espaço interior)? Por que substituir os traços de caráter padronizados na psicologia por essas imagens verbais estranhamente torcidas?

Primeiro, as imagens evocam e, então, carregam mais inconsciência com elas. Elas falam para o inconsciente, ao passo que os conceitos falam para a consciência – para usar aqueles termos clássicos. Segundo, o discurso imagístico também é mais terapêutico porque concede analogias mais amplas, sugere mais implicações. Começa-se a sentir flechas e acontecimentos flechantes de muitas maneiras ao longo da vida.

Questionador: A agressão tem muitas dimensões também. Você pode ser agressivo verbalmente ou sexualmente, usar a agressão em defesa, ser agressivo especialmente com as mulheres etc. Um conceito como agressão tem um valor adicional: podemos reunir em sua abrangência várias instâncias, como sonhos agressivos. Estas ampliariam o caminho para além dos sonhos com flechas. Sua abordagem da imagem não permite, todavia, comparar dois sonhos diferentes com flechas.

Certamente não. Não estou fazendo ciência, no sentido antigo de ciência. Uma coleção de sonhos com flechas nos conduz de volta a abordar os sonhos conceitualmente, de volta aos símbolos, de volta aos substantivos. Veja, não estou tentando um estudo científico de "sonhos com flechas", mas questionando o que sua flecha está fazendo no seu sonho. O que flechas fazem noutro lugar num exemplo de sonhos com flecha é relevante apenas quando isso pode tornar-se uma analogia terapêutica. Fatos científicos tornam-se informação psicológica apenas quando têm sentido terapêutico. E isso eles apenas podem ter quando os fatos tornam-se imagens. Sua pergunta continua a tratar a imagem da flecha como um conceito.

A diferença entre imagens e conceitos foi exposta já o suficiente e por melhores mãos. Mas, mesmo assim, vamos ouvir a diferença entre agressão e flecha: ele é agressivo *x* ele vem como uma flecha; ela é tão cheia de agressão *x* ela tem um tremor cheio de flechas. Ouvimos uma vantagem a mais da imagem pois ela fala assim como o mundo fala, concretamente, e como os sonhos falam, sensorialmente. Imagens dão corpo, e conceitos removem corpo. Agressão, lembre-se, não pode ser vista. Ela se mostra apenas por meio de uma imagem, como punhos ou dentes cerrados, um escárnio, uma agulha, ou um soco nas bolas – ou flechantemente.

Enquanto flecha particulariza e imagina, e amplia sua significância através da ressonância, agressão generaliza sem servir à comunicação. Pois aquilo que você, *Questionador*, concebe como "agressão", e as fantasias que a palavra evoca em sua mente, pode ser completamente diferente de minha noção sobre ela. É por isso que as pessoas que falam por conceitos devem definir seus termos, a fim de falar sensatamente. Uma vez que "agressão" é um segundo nível, uma abstração de uma imagem, devemos, em terapia, localizá-la precisamente em uma imagem, até mesmo retornar a agressão ao seu uso vigente, o fenômeno como ele aparece. Por que então usar o conceito agressão em terapia? Por que não ficar exatamente com a imagem da qual o conceito derivou?

Mas a diferença mais importante entre imagens e conceitos é seu modo de significar. Agora não estarei comparando flecha e agressão, mas farei um contraste entre dois modos de usar a flecha. Como um *conceito*, flecha significa ou refere-se a uma coisa, um substantivo – alguma flecha na sua mente, no seu arco, ou numa sentença. Como uma *imagem*, ela significa ela mesma, e sua significação emerge menos de sua habilidade em referir-se a uma flecha externa à palavra, do que como a palavra opera em seu contexto. Quanto mais trabalho pudermos dar à palavra inventando (*inventio* na retórica clássica) implicações, mais significante se torna a flecha.

Isso é crucial quando trabalhamos com sonhos. Quando as palavras do sonho são consideradas como conceitos, então elas retiram seu significado daquilo a que elas se referem. Se esses referentes são palavras altamente poderosas, como os símbolos examinados no capítulo anterior [bebê, pérola, rio], então esses substantivos nominais tornam-se o foco de nossa atenção. Esta move-se do sonho para as referências, amplificando o significado de bebê, pérola e rio, abstraído do sonho. Mas quando palavras do sonho são consideradas como imagens, então uma grande palavra não é mais poderosa do que pequenas palavras como "daí então", "acontece", "eu acho" etc. (a "total democracia da imagem", de Berry[5]). Vimos isso no exemplo do sonho da irmã/Chevrolet/telefone, no qual tratamos as palavras de forma totalmente imagística. Lá, as palavras do sonho tomaram sua significação da imagem, sua tensão e suas implicações. Não consideramos a cerveja ou o freio como coisas substanciais ou como nominativos que nomeiam coisas substanciais e as refere. Ao invés, exploramos a inerência dessas palavras na imagem, os acordes de resposta que sua localização e seu soar evocaram como analogias com comportamentos psicológicos. Quando olhamos os sonhos como imagens, então temos de olhar para as palavras dos sonhos de forma duplamente cuidadosa, porque não há mais nenhum lugar onde achar seu significado.

Essa distinção entre palavras como conceitos e como imagens é também a base para a diferença entre o entendimento científico e o poético dos sonhos. No discurso científico, as palavras obtêm sua significância daquilo a que elas se refe-

---

5. BERRY. Op. cit., p. 77.

rem. A ciência trabalha com conceitos e mesmo suas imagens são usadas conceitualmente. E a visão científica lê as palavras nos sonhos como descrições de correlativos objetivos: o texto do sonho é uma elaboração secundária sobre um processo primário na natureza, que é invisível ou desconhecido e apenas representado pelo sonho. Em contraste, um entendimento poético não considera o sonho como um relato ou uma mensagem dando informação sobre algo além do sonho ou antes do sonho. Melhor dizendo, o sonho é como um poema ou uma pintura que não é sobre coisa alguma, nem mesmo sobre o poeta ou o pintor. Os limões pintados no prato não se referem necessariamente aos limões no prato que foram usados como modelo pelo pintor; os limões pintados podem ser inteiramente experimentados sem referência àqueles limões, ou quaisquer limões, de qualquer lugar (nem eles se referem a uma essência arquetípica invisível de limões – a "lemonidade"; não se referem nem a limões físicos nem a limões metafísicos). Eles podem parecer com e evocar todos os tipos de experiências "lemonadas", mas a imagem transcende tais evocações referentes – isto é, podemos comprar a pintura, não porque ela represente tão bem limões num prato, mas porque ela fala tão bem para e de nossa alma.

Assim também acontece com um limão num sonho. A visão poética não necessita postular uma psique objetiva, à qual o limão se refere e da qual ele é uma mensagem. A psique está ali no limão e em nenhum lugar mais além da imagem vigente apresentada. Psique é imagem, como Jung disse. Ficamos com a imagem porque a própria psique fica lá.

Até agora, como outros analistas, tive a tendência de tomar palavras do sonho conceitualmente, como referências a conteúdos psíquicos. Um gato num sonho indica gatunice, animalidade, instinto, *anima*, Bastet, autoconfiança etc. A fim de sentir a imagem "gato", tive de ir além ou para fora do sonho, seja para o simbolismo, para associações pessoais, ou para outros sonhos. Mas, brincando com a palavra do sonho no seu contexto, percorrendo-a por analogias, trocadilhos e transformações, como fizemos nos exemplos do capítulo anterior, o gato particular emerge na sua própria imagem e, o eco da imagem, os outros sonhos, as associações pessoais e o gato simbólico, todos reverberam.

Igual a outros analistas, também sentia alguma insatisfação com essa abordagem conceitual da imagem e, então, continuamente, relembrava para mim mesmo que eu realmente não sabia a que o gato se referia, pois ele é um símbolo. Lembrei que Jung disse (*OC* 6, § 815) que "gato" não era um signo referente a uma coisa conhecida (Bastet, bruxa, egoísmo), mas era a "melhor formulação possível de uma coisa relativamente desconhecida". Agora, entretanto, posso ver que essa "visão simbólica", tão essencial para meu "ser um junguiano", *ainda trata a palavra do sonho como um conceito*. Se a referência é conhecida ou desconhecida, ela lembra uma coisa. A visão simbólica realmente requer nomes, conceitos, substâncias. Mesmo se declararmos que eles são desconhecidos, não teremos dissolvido o movimento conceitualizante que se dirige para o literalismo em primeiro lugar e, em segundo, para todos os emaranhados teológicos, científicos e metafísicos da visão dos sonhos da psicologia analítica.

Questionador: Esse movimento que dissolve nomes e que diz que as palavras do sonho não se referem essencialmente a coisa alguma fora de seu contexto é autodestrutivo. Você sabe o que está fazendo? Você está agora desliteralizando um dos movimentos favoritos e básicos da própria psicologia arquetípica, o personificar. Seu ácido dissolvente arranca a própria mão!

Estou indo adiante, não com personificação, mas com a noção literal dessas pessoas como agentes na psique: complexos, deuses, arquétipos – e outras figuras de linguagem e perspectivas imaginativas que são tomadas literalmente porque são apresentadas como substantivos. Mesmo quando essas figuras são experimentadas em visões ou como vozes e então como agentes nominativos, devemos lembrar que os ouvimos *apenas numa imagem*, como uma imagem, e que são inseparáveis de sua aparência imagística. Contudo, elas devem ser abordadas de acordo com a imagem na qual estão inseridas. Por outro lado, tendemos a abstraí-las de seu contexto, estado de humor e especificidade, voltando-as para as duradouras hipóstases que dão mensagens literais.

Questionador: Então não há deuses? Como ficam eles enquanto premissas de sua psicologia politeísta?

Tome os deuses também como adjetivos e advérbios, como modos de qualificar e denominar nossas perspectivas. Isso é mais parecido com o modo japonês e grego antigo de falar sobre os deuses, não como coisas às quais a palavra "deus" se refere, mas como um tipo de sufixo adverbial que pode ser anexado a outras palavras, divinizando-as e sacralizando-as. O problema teológico na psicologia origina-se quando tomamos nossas palavras como conceitos, os quais se referem a algo externo ou além, a algo mais, indicado pela palavra.

Quando usamos palavras como chaves que apontam para o real, conteúdos objetivos a partir dos quais as palavras significam e obtêm seu significado, então as palavras do sonho não merecem atenção por si mesmas. Elas são meros dublês para os atores reais. Entretanto, temos demonstrado que o modo no qual o sonho é apresentado *é* o modo em que ele atua, e que ele não obtém seu significado do que não está no sonho.

Você sabe, esvaziamos cada sonho e o milagre de sua apresentação quando tomamos um sonho fora dele mesmo. As interpretações analíticas dos sonhos dentro da vida empírica – nossa história passada, problemas presentes ou prospectos futuros – originam-se do tratamento das palavras do sonho como conceitos que significam algo alheio ao sonho. Essa significação analítica nem mesmo tem de ser simbólica; por exemplo, cisne significa *anima*, ou Apolo, ou morte. Apenas o fato de que o cisne-sonho deve se referir a algum tipo de cisne em algum lugar mata o pássaro como uma imagem.

As imagens não representam coisa alguma. Elas ganham seu sentido do onde, quando e como elas se apresentam. Podemos retirar algum significado do sonho irmã/Chevrolet/telefone, uma significância que faz analogias em muitas direções em minhas experiências, sem que aqueles substantivos tenham que se referir à minha irmã, ao meu Chevrolet e ao meu telefone.

Questionador: Você quer dizer que as imagens não se referem a coisas externas, mas a objetos internos... sua *anima* interna, seu movimento e seu aparato comunicativo enquanto imagens internas?

Não, nada disso. Um objeto interno é ainda um substantivo, ainda uma coisa, mesmo se agora colocado "dentro". Objetos internos não diferem na sua lógica daqueles externos: ambos demandam que as imagens sejam olhadas como derivativos de referentes. Mas uma imagem não é uma imagem *de* um objeto. Ela imagina a si mesma, é uma imagem de si mesma. Ela imagina e, no seu imaginar, quaisquer objetos, onde quer que estejam – limões num prato, irmã num Chevrolet –, tornam-se agora "imaginacionais", partes de uma imagem, como se pintadas, como se sonhadas.

Objetos internos são ainda outras analogias da imagem. Tais analogias tornam-se conscientes apenas por causa da imagem. De fato, a ideia de meu carro ou de minha irmã interna surge após o evento do sonho; assim, tal objeto interno é uma noção derivada da imagem, não o contrário. O conceito de um objeto interno é um constructo teórico usado para dar conta da imagem, embora, de fato, ele seja um resultado da imagem. Infelizmente, todos nós acabamos por acreditar que esses constructos são coisas reais às quais as imagens se referem.

Questionador: Mas você mesmo ainda usa "palavras-coisas" – todos aqueles termos neoplatônicos: deuses, arquétipos, *daimones*. Qual o valor de se fazer isso?

Você pode ouvir o valor. Ao invés de falar de atração sexual ou do princípio de Eros, a psicologia arquetípica pode invocar Afrodite ou a perspectiva venusiana. Como disse no capítulo anterior, esse modo de falar em arquétipos é uma maneira de apreciar, de dar volume, profundidade, necessidade, universalidade para uma experiência. Mas essas figuras míticas não podem ser tomadas por realidades literais. Sua realidade é totalmente imaginal e qualquer explanação do comportamento humano que repouse nelas, apoia-se na fantasia. Elas são metáforas por definição e seu valor principal está em que elas nos mantêm na perspectiva imagística, coisa que a linguagem conceitual não pode fazer.

Veja você, realmente acreditamos na realidade literal do desejo sexual e da agressão. Eles são mantidos como responsáveis por nosso comportamento e a psicologia diz que eles podem até mesmo ser mensurados. Mas ninguém pode tomar Marte e Vênus no seu sentido literal (exceto talvez um astrólogo). E essa é exatamente a beleza de Marte e Vênus; eles são deuses, mas não operam como deuses. Um deus, afinal, é definido não apenas pelo que a teologia diz. Operacionalmente, qualquer palavra torna-se um deus quando postula a si mesma como um substantivo dominador, ou quando nós operamos com a palavra enquanto um dominante literalizado. A religião não vencerá a psicologia por causa de Marte e Vênus. A religião já está na psicologia, no seu panteão de palavras que não nos permitem enxergar através delas. A agressão é apenas um de centenas desses demônios; o ego é provavelmente seu rei e, o sentimento, o seu consorte. E esses deuses verbais são protegidos por um sacerdócio psicológico que faz sua homenagem diária ritualisticamente atribuindo poderes causais a um panteão de conceitos psicológicos, que nem mesmo se pode ver e que são encarados como responsáveis pelo comportamento humano.

Questionador: Agora você está dizendo que não existem quaisquer conteúdos psíquicos. Palavras, apenas palavras – e palavras que não se referem a coisa alguma. Se Vênus não é uma pessoa divina, se a flecha não está relacionada às flechas que eu posso colocar em meu arco e se minha irmã não é sequer um objeto psíquico interno, então de que é composta a psique? Se a flecha e minha irmã não são fatores em mim que me fazem fazer coisas, fatores que persistem ao longo do tempo como um complexo, como posso trabalhar no meu "problema flecha" ou no meu "problema irmã"? Como posso me referir a eles, falar sobre eles na imaginação ativa, observar seus processos por meio dos sonhos? Como eles podem ser transformados?

Agora seu medo da imagem está finalmente aparecendo – mas seu medo é justificado. Desliteralizando símbolos, a coisa psíquica, estamos desliteralizando também sua transformação. Nosso ácido está corroendo um velho princípio da fé terapêutica: a transformação da personalidade. Você ressaltou que a psicodinâmica depende de conceitos simbolizados, agentes psíquicos que fazem coisas para outras coisas, um completo sistema literalizado de nomes: tipos, funções, instintos, censores, arquétipos, superegos, energias – e símbolos. Isso é metafísica, cosmologia, teologia – não psique. A visão conceitual, simbólica, caminha de mãos dadas com a fantasia desenvolvimentista, ou seja, a noção que temos incorporada em nós fixou coisas que estão sujeitas à transformação. Podemos, assim, observar o processo de transformação, observando o desenvolvimento dessas coisas fixadas. O Chevrolet move-se através de estágios alquímicos, do preto para o branco e para o vermelho, indicando uma transformação do símbolo de meu veículo de movimento. Desse modo, se não há Chevrolet como uma coisa psíquica interna...

Questionador: ...não há alquimia e não há transformação!

Você me faz sentir como Hume, mas, a não ser que possamos ver a transformação ou o desenvolvimento *in actu*, não devemos usar a palavra. Interpretamos sonhos por meio da ideia de transformação, mas muito raramente vemos um sonho propriamente dizendo: "o inseto transformado em uma pequena garota", ou "eu me tornei, então, o criminoso que a polícia estava perseguindo". Prefiro falar de transformação apenas quando puder observá-la acontecendo de fato.

A história de preto-para-branco-para-vermelho é imposta sobre uma série de sonhos a partir de algo externo aos sonhos. Essa é uma hipótese científica ou um princípio da fé teológica, baseados em símbolos. Essa é a visão simbólica dos sonhos e venho mostrando nesses capítulos seus perigos.

Mas podemos ainda trabalhar com a ideia de transformação de outro modo. Quando substituímos as palavras do sonho aqui e ali, permitindo-as que joguem com outras partes do discurso, a transformação toma lugar certo em nossos ouvidos. Um sonho é em si mesmo transformativo porque transforma suas próprias afirmações a partir da polivalência de suas imagens. Um sonho é sempre profundo e diferenciador em si mesmo. Não precisamos ir além do sonho para uma teoria desenvolvimentista ou energética da transformação psíquica.

Mas para liberar esse efeito transformativo, devemos erguer as palavras do sonho do leito procrusteano da sintaxe e da gramática e permitir às palavras uma liberdade proteana para que elas próprias se expressem imagisticamente. Devemos romper com a noção de que um sonho está usando suas palavras no sentido de referir, indicar ou significar algo. Aqui, retornamos à visão de Freud de que um sonho não é uma mensagem, mas um evento narcisístico satisfazendo a si mesmo. Visto que as palavras dos sonhos não são conceitos que se referem a algo, nenhum sonho pode ser transportado interpretativamente para outras referências. Um sonho pode ser apenas interpretativamente re-imaginado, como se faz com um pedaço de qualquer outra *poiesis*.

Isso nos conduz ainda a outras ideias sobre o cultivo da alma (*soul making*). Se uma imagem não precisa se referir a algo além dela mesma para ganhar significado, o mesmo acontece com nossa terapia que trabalha com e a partir das imagens. O cultivo da alma não necessita de referências externas. A atividade da terapia recebe seu significado e seu valor a partir de si mesma. Vamos à terapia pela terapia e não por causa de desenvolvimento, ajustamento, saúde ou individuação – processos aos quais a terapia tem sido geralmente referida em termos de significado exatamente como a imagem tem sido referida a objetos externos. Se psique é imagem, então o trabalho psicológico ou o cultivo da alma é trabalhar a imagem, fazer-imagem, poesia, e o objetivo da terapia não pode ser diferenciado do modo como ela é realizada.

Artifícios

Eternizar. De acordo com o costume mercurial, uma palavra entrou de mansinho numa seção anterior, sem que tenha sido adequadamente introduzida. Eu disse que um modo "arquetípico" implica valor, insinuando "eternidade".

Não queremos nos tornar demasiado poderosos com esse termo; nenhuma metafísica da eternidade está aqui sugerida. Quero apontar algo operacional, algo que possamos de fato fazer com uma imagem para aumentar seu volume.

Tomando a afirmação quando/então, vamos trocar "quando" para "sempre que". A sentença torna-se, nesse momento, imensamente amplificada, saindo de um tempo único e adentrando na eternidade.

Um exemplo do capítulo anterior: "Eu me viro em direção à luz do dia e meu joelho torce". Primeiro, vamos colocar isto na construção quando/então da imagem: "Quando eu me viro em direção à luz do dia, então meu joelho torce"; ou no reverso, "Quando meu joelho torce, então eu me viro para a luz do dia". Agora, prossigamos através da eternização: "Sempre que eu me viro em direção à luz do dia, então meu joelho torce", e "Sempre que meu joelho torce, então eu me viro em direção à luz do dia".

Esse pequeno artifício, a vinculação do "sempre", eterniza uma conexão que pode muito facilmente ser omitida. Isso reforça a oculta harmonia (quando/então) ao fazer-me sentir que uma conexão particular num sonho está *sempre* acontecendo na minha vida, um tipo de mecanismo eterno. Minha reação à torção do meu joelho, à minha debilidade e dor e ao meu andar vacilante é *sempre* me voltar para a luz do dia. Sempre que estou manco ou fraco, então me dirijo para a luz do dia. Meu eterno retorno em direção à luz do dia torce meu joelho, tem uma ferida autoinfligida nele, é o custo necessário de uma articulação desconjuntada que pode não mais ser capaz de dobrar (genofletir) ou dar suporte generativo. Aquele pequeno "sempre" faz sentir que a conexão é necessária, inviolável. Se isso acontecesse sempre, eu ficaria mais atento para observar suas analogias enquanto hábitos, reconhecendo, desse modo, meus mecanismos habituais em outros lugares. E se um mecanismo se faz necessário, posso me tornar mais tolerante com suas implicações patológicas, porque elas também são necessárias.

Pode-se ir adiante e eternizar todo um sonho. Então, dizemos ao sonhador: "Suponha que este seja o único sonho que você *sempre* teve e que sempre terá. Nenhum outro sonho além deste". Nesse momento, o sonho é elevado à condição de um mito cosmológico: a revelação total da psique e seu destino estão agora nesse sonho. Sua profundidade nunca poderia ser totalmente explorada e seria conferido a ela um tempo sem fim, inteligência e amor.

Eternizar é um movimento de valor, não uma afirmação de fato. "Sempre" é apenas uma metáfora e não significa que uma conexão onírica esteja sempre e literalmente acontecendo em todo lugar. Mas ela é possível – e essa possibilidade metafórica sintoniza-se para que a escutemos. Além disso, a eternização adiciona mais substância para as conexões quando/então, dando a elas o sentimento de estarem fixadas, como mecanismos engrenados, uma sincronicidade permanente na imagem estabelecendo um padrão imutável na alma. É como dizer que este é seu sonho eterno, então dê uma olhada especial no que está acontecendo aqui.

Contrastar. Um sonhador diz: "Não faço a mínima ideia por que sonhei com a tia Ella numa blusa azul. Ela era uma das três irmãs mais velhas da minha mãe. Eu nunca as encontrei. Eu gosto de azul. Tenho duas blusas azuis, mas não da mesma tonalidade que a do sonho".

Ao trabalhar com esse tipo de imagem e com o tipo de resposta dada a ele, acho útil começar uma fantasia de contraste. Frequentemente as imagens que são difíceis de acessar porque são muito familiares, ou muito extravagantes, bloqueiam a fantasia; então a fantasia do contraste ajuda a iniciar o trabalho com elas.

Por que o sonho escolhe a tia Ella e não a tia Emma ou a tia Etta? Onde Ella é diferente de suas irmãs? Então, descobrimos que ela nunca casou, ou que viveu por mais tempo, ou que se parecia mais com a mãe. Por que o sonho se preocupa em vesti-la precisamente com uma blusa azul que é diferente da blusa do sonhador e, todavia, não é violeta ou castanho-avermelhada? Descobrimos ainda que aquele azul é uma cor de uniforme de acampamento, ou de escola, ou que ele produz uma sensação de conforto e combina com os olhos dela, ou que na verdade condiz com uma mulher mais velha. E assim por diante, contrastando blusas com saias, frente-únicas, *tops*, vestidos etc.

Constrastar difere de *associar*, a qual prima por reminiscências pessoais até mesmo diante de uma imagem altamente simbólica como a lua. Quando eu pergunto, "Por que a lua nesse sonho?", o sonhador pode *associar* alguma coisa sobre queijo azul, um artigo lido ontem sobre fotos espaciais, ou um sentimento de mistério irracional. Assim, teremos de trabalhar nessas associações como imagens e teremos de deixar o verdadeiro sonho para trás, distante.

Contrastar difere também de *amplificar* que, como já discutimos, move-se para longe da imagem em outra direção – para o simbolismo universal. Nesse caso, o sonhador pode responder a "Por que a lua?" com alguma coisa escolhida da alquimia, do mito ou do folclore.

Mas, se entendemos a questão por meio de contraste, então perguntamos: "Por que a lua e não o sol, e não a terra, e não uma luz na noite?" Esse movimento, diferente da associação e da amplificação, mantém-nos no discurso das imagens. Sustentamos *uma imagem contra a outra*. Permanecemos no estilo do sonho, na imaginação. Nosso movimento pode trazer imagens de longe, mas não vamos nos desviar trocando de trilhos seja por conta de associações pessoais ou de conhecimento simbólico. Ao invés, pressionamos o sonhador para imaginar uma diferença, perguntando-lhe por algo inerentemente específico na imagem que ele ou ela tem da lua.

Dessa forma, obtemos alguma coisa do tipo: "Não poderia ser o sol, porque a lua é fria; nem a terra, porque a lua está muito distante; nem uma luz na noite, porque a lua era apenas uma crescente delgada". Esses três fáceis contrastes aumentaram o volume da lua para esse(a) sonhador(a), dizendo-nos que a lua do sonho dele ou dela é particularizada como uma imagem fria, remota e crescente delgada. Seu sentimento particular como uma imagem começa a emergir e o contraste ajudou a revelar isso.

Singularizar. Podemos ressaltar a particularidade de outro modo. Esse modo é similar à eternização, exceto que introduziremos, agora, a palavra "apenas" na construção quando/então: "[*Apenas*] quando você deixa a caverna, então você torce seu joelho". Ou: "Quando você deixa a caverna, então [*apenas aí*] você torce seu joelho".

Em primeiro lugar, esse movimento parece uma restrição radical da afirmação do sonho. Na verdade, o sonhador pode torcer seu joelho em muitas outras ocasiões em muitos outros sonhos. Mas, desde que cada sonho é único, então qualquer inerência nele é única também, ocorrendo como tal apenas nessa imagem particular. Podemos então dizer muito legitimamente que a intraconexão de uma imagem-sonho ocorre apenas no modo como ela é afirmada pelo sonho.

O valor da singularização é que ela especifica a ocasião daquele joelho torcido. Podemos dizer ao sonhador: isso acontece apenas quando você vai para a luz do dia, volta suas costas para a caverna, apressa-se. Apenas deixe a caverna e, pronto, seu joelho torce. Bater sua perna, perder seu ponto de referência, encontrar sua compreensão segura – qualquer que seja a analogia com joelho torcido – ocorre apenas naquele singular instante de virar-se da caverna para a luminosidade. Fomos capazes de apontar um instante de patologização; o *apenas* permitiu-nos observar um mecanismo singular durante o trabalho, possibilitando um *insight* em sua singularidade, em sua individualidade.

O valor restritivo do "apenas" é especialmente útil quando um sonhador torna-se contaminado pelo efeito simbólico de suas imagens. Então elas se difundem universalmente em toda sua consciência. "Estou numa confusão. Não me restou nada. Meu cisne está abatido e morto – e, com ele, minhas esperanças por algo realmente belo desaparece da minha obra."

Aqui, podemos singularizar o cisne morto como ocorrendo *apenas* na caverna dentro do contexto, cena e humor específicos de sua escuridão profundamente retrógrada e descendente e suas reações a ela. O cisne ainda pode bater suas grandes asas no seu coração, noutros contextos. Ele está abatido e morto apenas nessa única imagem. Aqui, o "apenas" ajuda-nos a manter a imagem, prevenindo terapeuticamente o sonho de tornar-se simbolizado em uma mensagem para toda sua vida, obra e alma. Uma imagem é apenas uma imagem.

Manter imagens. Em análise, frequentemente encorajamos o paciente a ficar com o problema, qualquer problema, onde quer que esteja. Essa prescrição terapêutica deriva parcialmente de Freud. Ele fez disso um princípio da prática no qual nenhuma mudança essencial na vida de uma pessoa – casamento, divórcio, troca de trabalho etc. – fosse empreendida durante a análise, porque tais movimentos poderiam ser como deslocamentos de conflitos neuróticos. A prescrição pode também ser derivada da noção de Jung do vaso alquímico fechado, no qual o processo de transformação ocorre. O material da alma não deve vazar e não deve contaminar os outros.

Mas, do ponto de vista imagístico, há outra razão, e a razão pode ser menos moralmente prescritiva.

As imagens, frequentemente, encontram-se numa condição opaca, densa. Tais sonhos em especial necessitam ser quebrados a fim de que possamos apreciar sua patologia e necessidade, sentir seu valor essencial, sua reivindicação. Mas um outro modo de clarear sua opacidade é ficar com eles. Melhor do que um imaginário de nozes, vamos imaginá-los em termos de vinho.

Muitas vezes recebo um sonho em análise e não tenho nada a dizer sobre ele; parece que não há nada que eu possa fazer com ele – ou parece exatamente duro demais para quebrar; não tenho força. Eu o deixo para trás, pulo, vou para o próximo. Esse é o movimento usual. Mas, ao invés, posso manter a imagem (e dizer para o paciente mantê-la) ao redor, por enquanto, como posicionar uma garrafa de vinho em pé sobre a mesa numa superfície visível no meio da minha sala, permitindo-a aquecer na temperatura ambiente. E, efetivamente, uma sedimentação ocorre; ele começa a clarear, perde sua opacidade, sua qualidade específica brilha através do vidro. Ele está pronto para ser apreciado, suas sutilezas revelam-se sem trabalho pesado.

Após trinta minutos esperando e olhando as imagens de um sonho, uma trama total começa a clarear. E não foi feito nada além do que apenas manter a imagem presente com uma visão periférica, uma consciência oblíqua que concede seu valor sem muito esforço.

Há outros modos de manter as imagens. A alquimia nos diz para deixar as questões resfriarem, como manter um sonho num refrigerador em um estado fixo, inutilizável, não combinável, mas deixando ele olhar para você toda vez que você abre a porta, fazendo você perguntar o que pode ser feito com ele, com o que ele combina. Ou podemos mantê-lo como brotos que ainda não mostram sua folhagem específica – são eles ervas daninhas, vegetais, flores? – até que cresçam a partir de sua própria *vis naturalis*. Há também o fogo brando, um calor gentil, uma infusão vagarosa que encoraja uma fermentação de um sonho por meio de outros sonhos e imagens, como fermento movendo-se através de toda a psique. Ou podemos manter uma imagem como carregamos um bebê sobre o quadril, no peito, nas costas – a imagem como um peso, uma demanda não verbal, que requer pouca atenção, pequenas estratégias de cuidado através do dia, ouvindo e cheirando. Heráclito diz que as almas, no mundo das trevas, percebem pelo cheiro: um modo sutil de cheirar o espírito que acontece também no cozinhar, no cuidar do bebê, no vinho, no solo, falando-nos sobre tempo e mudanças.

Qualquer que seja a fantasia que usemos para manter – e existem muitas mais que teriam outros propósitos além de clarear e diferenciar, que têm a ver com coagulação e estocagem –, *manter é um ato de amor à imagem*. Esse é um modo de cuidar de uma coisa *viva*, como um vinho, um prato de comida, um broto, um bebê. Sua inutilidade estética no seu estado primário, aquela densidade que a torna incômoda, é o encontro com a fantasia do artesão ou artífice (o deus de Platão, a propósito, era um artesão, não um "criador").

Aqui, nenhum "dever" moral em relação ao vinho. Nenhuma prescrição, exceto um desejo de apreciar o vinho quando ele clareia. A atenção é retribuída, o crédito é dado, não pelo amor à consciência e respeito à análise, mas porque você se deleita assistindo o comportamento do processo psíquico, o deleite dos reconhecimentos e *insights* sob a forma de coisas revelando-se, o que elas fazem se mantidas como os jardineiros, os cozinheiros, as enfermeiras e os enófilos "mantêm". Novamente, um modelo de fazer e criar em referência à psique.

O hiato na imagem. Robert Grinnell (*Spring 1970*), em um artigo inovador, observou que há um momento no sonho, um "hiato que divide e une ao mesmo tempo as duas porções do sonho". "O hiato atua como o ponto de referência e ponto de virada." Grinnell entende o hiato como sendo onde o mistério da conjunção ocorre. O hiato é a substância arcana da própria imagem, bem como a atividade arcana trabalha sobre aquela substância. Ele é não representável, mas indicado por uma fenda. Nesta fenda, diz Grinnell, muita coisa está acontecendo.

Não há apenas uma comparação intencional com a noção de Jung do ponto de virada na estrutura dramática do sonho. Há também uma outra analogia com uma ideia mencionada duas vezes por Freud em seu *A interpretação dos sonhos*, no qual ele se refere ao "umbigo do sonho, o ponto onde o sonho penetra o desconhecido" e de onde a própria imagem parece emergir "como um cogumelo desabrochando de seu micélio".

O termo "umbigo" condiz muito bem com o hiato. Ele pode ser descoberto em palavras pequenas, comuns e usuais na verdadeira barriga de uma imagem. Olhe particularmente para advérbios e conjunções, para alguns dos quais já chamamos a atenção: *repentinamente*, *então*, *até*, *contudo*, *apenas*, *entretanto*, *posteriormente* e, mais comumente, *mas*. Quando ocorrem no meio de uma imagem, anunciam um hiato nas conexões ocultas que podem significar uma desconexão oculta, uma justaposição que faz a centelha da consciência saltar no espaço vazio.

Se a desconexão é "meramente" uma formulação da mente do sonhador pela manhã, que não pode tolerar as justaposições de imagens aparentemente não sequenciais, e portanto sem sentido para ele, de forma que ele deve voltar a tensão da imagem para uma parada disjuntiva na história escrita, ou se a disjunção é "verdadeiramente" intrínseca à imagem, isso não podemos saber com certeza. Mas essas pequenas palavras revelam um ponto nodal e, se exploradas, podem espalhar-se em considerável complexidade. Elas podem ser mais importantes para se chegar à raiz de um problema (a imagem da terra de Freud), à lacuna primal da nossa consciência (a imagem do hiato de Grinnell), do que são as próprias imagens e conexões visíveis. Pois suspeito que no pequeno hiato oculta-se o foragido Mercúrio.

3 Sentido da imagem

Nossa linguagem usual para perceber os sonhos é curiosamente imprecisa. Nós *ouvimos* o sonho para *ver* o que ele está nos *dizendo* ou nós *olhamos* para o que ele *diz*. Nós o *observamos* com atenção a fim de *ouvir* sua mensagem.

As rápidas idas e vindas entre ver e ouvir parecem evitar que qualquer um deles seja o sentido privilegiado no trabalho com os sonhos. Não podemos assumir que entender os sonhos seja simplesmente uma questão de ver a partir de imagens ou ouvir por meio de metáforas. É como se a psique misturasse essas duas modalidades para nos lembrar de sua complexidade: que ao menos dois sentidos são necessários para a apreensão de uma imagem.

Há alguma coisa mais aqui: aquilo que nos está sendo dito é que não podemos absolutamente alcançar uma imagem pela sensopercepção tomada em sua acepção aristotélica ou empírica, pois as imagens não são o mesmo que quadros óticos, ainda que se pareçam com quadros. Nem são elas sons físicos reais[1]. Não vemos imagens ou ouvimos metáforas literalmente; realizamos uma operação de discernimento que é um ver ou um ouvir atentamente. As palavras-sensórias *ver*

---

1. Cf. os ensaios de Thomas Moore em *Spring 1978*, e de Paul Kugler em *Spring 1978* e *1979*.

e *ouvir* tornam-se elas mesmas metáforas porque, a um só e mesmo tempo, estamos utilizando nossos sentidos e também não os estamos usando como costumamos acreditar que estamos. Ver e ouvir relativizam-se um ao outro por aparecerem juntos num ato psicológico único de estudar uma imagem. Nós vemos atentamente nosso ouvir e ouvimos atentamente nossa visão.

Ao confundir nossa imagem sensória usual, as imagens e os sonhos estão também re-treinando nossos sentidos. Eles estão sendo libertados dos constrangimentos conceituais que decidem como devem atuar e quais são seus objetos adequados. Então, um sonho é, de fato, um desarranjo dos sentidos como foi dito há muito tempo pelos racionalistas e pelos românticos.

Talvez a chave para o treinamento dos analistas dos sonhos seja este re-treinamento dos sentidos pela imagem. Talvez a razão para coletarmos nossos sonhos de maneira tão fiel, amplificando-os com símbolos e estudando imaginários culturais, *não* seja principalmente para aprender padrões arquetípicos de conteúdo, e sim para treinar nosso olho e nosso ouvido de forma diferente de seus modos habituais de sensopercepção, de maneira que possamos "ler uma imagem", como diz López-Pedraza, e "ouvir a psique falar", como diz Robert Sardello.

Infelizmente, enquanto nosso treinamento estiver baseado em *saber* sobre imagens (simbolizar), ao invés de *sentir* imagens, nunca deixaremos a imagem nos perturbar o suficiente a ponto de nos re-treinar. Muito do que aprendemos a fazer com as imagens nos institutos de treinamento defende-nos contra a perturbação dos sentidos.

Imagino que seja por isso que esses lugares são chamados de institutos de "treinamento", ao invés de institutos de "re-treinamento". Os sentidos e o modo de consciência em que eles se baseiam são preestabelecidos; eles recebem novos tipos de conteúdos para serem trabalhados, mas o modo de percepção do conteúdo permanece intacto. É como se fosse possível ler o sonho de Blake com a mente de Locke, enquanto que a intenção de Blake é precisamente quebrar a noção de consciência de Locke fundada na sensação. Então, parece-me que um dos objetivos primordiais do sonho não é compensar o balanço da consciência, mas sim re-treinar os sentidos, nossa fé simplista neles, através do sonho. Os sonhos, afinal, são incursões da imaginação dentro do mundo usual do sentido, que nós pretensiosamente chamamos de "consciência". Nesse mundo, os sonhos não fazem sentido porque o sentido não faz sonhos. Os sonhos são imagens, feitas da imaginação.

Questionador: Você está duvidando da nossa noção de consciência – de que ela é uma consciência desperta e nos envolve em um mundo percebido pelos sentidos?

Estou questionando essa noção de consciência agora apenas em relação aos sonhos, às imagens, pois essa noção não é adequada para a imaginação – quer sejam as imagens dos sonhos, das insanidades ou das artes. Abordar a imaginação com sensopercepção direta cria insanidade. Isso transforma forçosamente a imagem em alucinação (experimentada como perceptivamente "real" – material, objetiva, verdadeira) ou perde-a como ilusão (experimentada como perceptivamente "irreal" – imaterial, subjetiva, falsa). Sentimos imagens e extraímos algum sentido delas sem ter de senti-las no sentido simples e perceptivo da sensação.

Provavelmente, há algo ainda mais surpreendente sendo dito nessa mistura dos sentidos. Isso sugere que a *imaginação não possui uma linguagem sensória própria*. Talvez a imaginação não tenha *qualquer* linguagem que lhe seja própria. Mesmo aquelas palavras que são mais apropriadas para discutir os produtos imaginativos – tensão, inerência, visão, voz, expressão, autenticidade, superfície, espontaneidade, fecundidade, estrutura, maturidade, unidade, integridade, criatividade – são conceitos que não se apresentam a si mesmos como imagens ou têm imagens como sua primeira referência. Eles são igualmente válidos para outros tipos de eventos. A linguagem da poesia (estilo, retórica, estética) e os termos técnicos de cada arte estão apenas tenuamente conectados à imaginação tal como ela se apresenta em imagens. O sonho vem em seus próprios termos, imagens – exatamente como a vida.

Agora você pode ver melhor por que venho tentando usar as próprias palavras da imagem para apreender seus significados. Tenho sido muito literal em relação ao "ficar com a imagem", até mesmo "grudar" literalmente na sua linguagem, para que a imagem possa nos falar sobre si mesma em suas próprias palavras. Tenho experimentado – provavelmente de forma muito literal, obsessiva –, na esperança de mostrar que a imaginação pode falar de si mesma sem termos emprestados, que os conceitos não são nem suficientes nem necessários para extrair o sentido dos sonhos.

Não se deve lamentar que a imaginação não tenha uma linguagem convencional própria (exceto o jogo de palavras da imagem), porque a imaginação parece reverter essa fraqueza em uma graça surpreendente. Os seus empréstimos da linguagem da sensopercepção são também transformações dessa linguagem. Quando falamos de "ouvir uma metáfora" ou "ver uma implicação", distorcemos o ouvir e o ver de seus significados do senso comum, pois não ouvimos uma metáfora como ouvimos um zumbido de abelha. Ver e ouvir estão desliteralizados, tendo perdido seu sentido sensorial. Uma das maiores façanhas do nosso sonhar é precisamente re-sentir e re-ver cenas e eventos comuns, forçando-nos não apenas a treinar nossos sentidos de um novo jeito, mas também nosso repertório de palavras sensórias.

Acredito que Gaston Bachelard viu, melhor do que ninguém, essa capacidade deformadora-transformadora da imaginação. Mas ele acompanha a tradição francesa do século XIX que insistiu em chocar os sentidos, arrancando-os completamente de seus trilhos normais a fim de despertar a sensibilidade para as imagens. Nós, contudo, vamos aos sonhos via Locke e Freud, a tradição empírica que inicia com a sensação como critério fundamental da realidade. Nossa ontologia pública-e-palpável insiste que o que é essencialmente real é aquilo que os sentidos percebem. Daí porque a confusão espontânea dos sentidos é tão importante quando falamos de sonhos: ela sacode nossos alicerces.

Tanto a estética quanto a psicologia têm tentado lidar com a confusão dos dois sentidos em termos de "sinestesia" e da relação entre poesia e pintura (*ut pictura poesis*). Sinestesia não é apenas uma enigmática peculiaridade em certas pessoas sensitivas para quem números são cores, cores têm gosto, ou tons musicais apresentam formas esculturais. Sinestesia – confusão, interpenetração de um sentido com o outro – tem lugar a todo momento em nosso discurso usual quando falamos imaginativamente ou quando falamos de imaginar. Evidentemente, sinestesia é como a imaginação imagina. O que esta faz é transformar a unicidade de qualquer sentido, livrando-o de sua literalidade. Isso nos traz um novo senso dos sentidos, fazendo da própria percepção uma metáfora sensorial. Consequentemente, a sinestesia tem um papel especial nas artes, pois ela ajuda a própria intenção da arte – compreensão metafórica, despertar da sensibilidade –, libertando-a da descrição e da representação.

Meu ponto aqui é que quando a imaginação utiliza a linguagem usual – e esta é quase tudo o que ela tem para usar – deve então distorcê-la em um segundo sentido. "Correr" é meramente abstrato até que possamos ouvir a palavra visualmente, como uma torneira (es)correndo ou um prisioneiro correndo. Ou ela é simplesmente conceitual até se tornar particularizada em correr em direção a, de, para etc., ou se tornar adverbializada, como correndo desesperadamente, correndo decididamente. Um meio-fio é apenas um meio-fio até que possamos ouvir outros sentidos daquela dura borda do granito, seus potenciais adicionais. E toda palavra, qualquer palavra em um sonho pode revelar um segundo sentido, especialmente quando brincamos com ela, como mostramos nos capítulos anteriores.

Questionador: Se a imaginação não tem linguagem própria, então como podemos reivindicá-la como uma faculdade? Outras faculdades têm suas linguagens: o sentimento, o pensamento, a faculdade moral, a vontade... cada uma tem uma série de termos descrevendo seus modos e interesses.

Formidável – a imaginação não é uma faculdade! A reivindicação de que ela seja uma faculdade foi precisamente o que mais nos iludiu sobre a imaginação. Nós a temos considerado uma função entre outras; ao passo que ela pode ser essencialmente diferente do pensar, do querer, do acreditar etc. Mais do que uma operação ou lugar independente, ela é como uma operação que trabalha dentro de outras e um lugar que é encontrado apenas através de outros. (Será esta sua base?) Então, parecemos nunca encontrar a imaginação operando por si mesma, e nunca podemos circunscrever seu lugar porque ela trabalha *através*, *atrás*, *dentro*, *acima*, *abaixo* de nossas faculdades. Um sobretom e um subsentido... Será a imaginação pré-posicionada?

Olharemos mais cuidadosamente as preposições em outra seção deste texto. Aqui, quero mostrar apenas que entendo a "pré-posição das imagens" como um fator essencial da imaginação. Se, num sonho, "eu estou caminhando com minha esposa", essa é uma imagem não apenas de "caminhar" e de "esposa". A imagem é pré-posicionada pelo *com*, e os componentes da imagem "esposa" e "Eu-caminhante" estão ligados por este *com*. Então, as pessoas e ações estão pré-posicionadas, governadas por esta "cena-com", um "caminhar-com" do Eu que está em uma posição ou combinação, ou complexo, com a esposa. Isso não implica obediência ou mesmo cumplicidade? E podemos ler tudo o mais que também ocorre nesse sonho em termos das relações especificadas por essa preposição? Veja você, eu poderia também ter caminhado atrás, ou ao lado de, adiante de, em direção a minha esposa: cada preposição mostra uma proposta diferente. Ou o sonho poderia ter dito "Minha esposa e eu estamos caminhando" – nenhuma preposição, simplesmente o caminhar unido, um *par em tandem*, nenhuma inferência de cumplicidade inconsciente.

Disse no início deste livro, já no primeiro capítulo, que uma imagem é uma cena, um humor e um contexto específicos. Os fatores que ajudam a determinar o humor e a cena, e que determinam definitivamente o contexto (modo de tecer), são as preposições. Elas especificam o modo das relações, as estruturas dos eventos. Elas são os ligamentos sutis que articulam o posicionamento interno da imagem, como a imagem está tecida. "Sutil", a propósito, provavelmente deriva de *sub-toile*, telas subjacentes, tecitura, tecido, textura, a rede invisível.

Os símbolos são mantidos na sutil rede de uma imagem. Eles podem ser descobertos em coisas substanciais (nomes como o pássaro cotovia, bruxas, pérolas) ou em ações (verbos como voar, crescer, dormir). Mas são as preposições que "sutilizam" os símbolos ao dissolverem sua universalidade substancial num padrão específico, uma imagem. Essa mudança de observação – de *o que* é visto e ouvido para *o modo como* isso surge – é sentir uma imagem. Aqui, estou explicando a máxima de Edward Casey: "Uma imagem não é o que você vê, mas o modo como você vê". A imaginação aqui pode ser definida mais acuradamente como a sutil sensação das relações preposicionais entre eventos. Naturalmente, essas preposições não precisam ser escritas em palavras. Elas estão nas melodias, nas esculturas, numa caminhada rua abaixo (rua "acima", "através" da rua...). Então, sentimos a sutileza das imagens pelos significados das preposições: seus sobretons e subsentidos; olhar para trás, escutando e ouvindo através. Sentir imagens é uma composição das sensações grosseiras de nomes e verbos, adjetivos e advérbios com as sensações sutis de suas relações. A composição é executada pelas preposições.

Questionador: Acredito que você está me passando a perna. Essas sensações sutis de invisibilidades, essas pequenas preposições que contribuem com os padrões totais – isto é a função intuitiva, o oposto da sensação. O seu segundo sentido e o sutil sentido nada mais são do que aquilo que Jung descreve como "intuição".

O modelo de Jung corta o sentido duplo em dois, sensação e intuição, opondo um ao outro. Nesse sistema, a sensação percebe conscientemente e, a intuição, inconscientemente. Elas estão dispostas uma em frente à outra e supostamente cruzam-se entre si. O problema que esse modelo causa para a sensação é muito parecido com aquele provocado pelo cruzamento do pensamento e do sentimento. Eles são forçados a uma oposição diamétrica. Contudo, o discurso comum, que revela a experiência comum, utiliza termos como "reflexão", "consideração" e "atenção" igualmente para pensamento e sentimento. As funções psicológicas não são inerentemente opostas; nós as fazemos assim com nossos modelos conceituais. Uma imagem começa a fazer sentido quando intuímos o seu significado. O próprio Jung indicou isso, sustentando que a cuidadosa elaboração estética de um evento psíquico é o seu significado (*OC* 8, § 402). Apenas quando abandonamos a imagem real é que os dois caminhos se dividem em sensação e intuição, estética e significado (*OC* 8, § 172).

Ouça Jung: "Fantasia é tanto sentimento como pensamento, tanto intuição como sensação. Não há função psíquica que, por meio da fantasia, não esteja ligada inextricavelmente com as outras funções psíquicas" (*OC* 6, § 78). "Todas as funções que estão ativas na psique convergem em fantasia" (*OC* 7, § 490). Quando ficamos com a mente imaginativa em seu compromisso com uma imagem, então todas as funções ocorrem juntas e completamente. As quatro funções são irrelevantes para a imaginação; portanto, tudo que se preocupa muito com as funções é anti-imaginal, até mesmo antipsicológico.

Também estou tentando desliteralizar a função sensação de sua estreita definição assentada em sensações fisiológicas. Quero devolver para a sensação o seu poder intuitivo, sua segunda sensação dos arquétipos invisíveis. Estou ainda tentando retornar a sensação para a intuição, dando a ela de volta sua apreciação exata do detalhe significante. E minha maneira de fazer isso é por meio do "ficar com a imagem", pois uma imagem oferece uma saída da cruz das oposições tipológicas.

Disso resulta que nossa fala sobre certas imagens – que elas se referem à função sensação, ou que elas são mais concretas, sensuais e viscerais do que outras – não deve ser tomada literalmente. Os sapatos de Van Gogh, as prostitutas de Zola e um sonho sobre intestinos esvaziados ou sobre uma broca para perfuração de rochas não mostram mais sensação do que imagens de pequenos duendes abandonados em planícies, ou números primários e ideias vazias, ou imagens mostrando sentimentos altamente qualificados. Considerar algumas imagens mais sensoriais que outras priva algumas imagens de seu sentido e literaliza o sentido no significado limitado do terrenamente grosseiro. Bachelard sustentaria que cada um e todos esses exemplos são imagens, porém revelam reinos diferentes da imaginação, um grupo mostrando as poéticas da terra, o outro mostrando as poéticas do ar. Tudo isso *é poética*. E tudo envolve os sentidos – embora um sentido além do sentido, um segundo sentido do sentido, uma sensibilidade para o sensual, não o sensual como tal.

Questionador: Mas o que é isso? Isso tudo pertence realmente ao nosso mundo ou você de fato já o deixou rumo a algo místico, como uma segunda visão, o homem nascido duas vezes, ou o terceiro olho e ouvidos ou corpos sutis?

Tem algo a ver com aquelas expressões místicas, embora elas coloquem o segundo sentido em um mistério metafísico, enquanto estou tentando meramente mostrar que a imaginação mantém-se no mundo do sentido e toma esse mesmo mundo de um ângulo diferente. Acho que podemos manter esse duplo entendimento até da simples palavra "sentido", que significa tanto concreto, físico, diretamente tangível como, também, significado, significância, direção, invisivelmente mental. Quando você "perde os sentidos" ou acha que "algum sentido ecoou em você", um subsentido da palavra começa a emergir.

Aqui, *Questionador*, estou realmente do seu lado. Estou tentando desliteralizar a linguagem altamente poderosa que gera uma metafísica da imaginação – ou que deixa isso para os místicos. Falar sobre "corpos sutis" e "segunda visão" não significa postular tais coisas como coisas. Entendimento metafórico não requer uma parapalavra toda sua, acima, abaixo e atrás. Não temos que tomar nossas preposições como posições literais. A imaginação ocorre em qualquer lugar que estejamos, conforme estejamos. Não precisamos substantivar a perspectiva imaginativa com testemunhas visionárias, não precisamos medir auras e perceber corpos astrais. O modo metafísico novamente separa a imaginação em uma faculdade ou um reino da realidade, hipostasiando-a e retornando-a para a sensopercepção literal, ver e ouvir linearmente a testemunha do filme e da fita. Estou, contudo, tentando manter a imaginação à mão, preposicionadamente, como um modo no qual as coisas aparecem, imaginando-a como um éter permeável que dissolve as várias possibilidades de faculdades, funções e reinos separados. Ainda assim, curiosamente, quando tentamos desliteralizar os sentidos, encontramos-nos sozinhos usando palavras tais como "éter" e ficamos enredados com espiritismo e fantasmas, como se nossas mentes habituais não pudessem ficar com *uma imaginação dentro dos sentidos*, mas devesse fosforizá-la dentro de uma maravilha epifânica.

Então, vamos retornar para o que fazemos. Vamos examinar mais intimamente como esse segundo sentido trabalha em um dos sonhos que usamos num capítulo anterior: a imagem do cisne na caverna.

O sonho se inicia: "Em algum tipo de caverna, uma caverna escura. Todo o lugar desliza para trás e para baixo de onde eu estou parado..." Esta parece uma apresentação simples de uma visão ótica. Posso ver a mim mesmo parado e, atrás de mim, como num palco ou numa fotografia, o chão e as paredes deslizam para trás e para baixo. Então, enquanto fico ali *olhando* para a imagem, começo a *ouvir* "para trás" e "para baixo" num segundo sentido (talvez este re-soar da imagem seja um efeito dessa própria imagem, sua ressonância cavernosa ecoante). Essa cena não é mais uma simples reprodução descritiva; agora ela tem um segundo sentido de implicações. O *insight* metafórico emerge através do ouvir enquanto enxergamos.

O *insight* ocorreu principalmente porque lentifiquei minha leitura da imagem, de uma sequência narrativa (O que aconteceu depois? E depois, e depois?) para uma leitura poética imagística. Na leitura narrativa, o sentido emerge no final, enquanto que na leitura imagística há um sentido durante todo o tempo. Grande parte da poesia (não a épica heroica, é claro) é impressa na página de forma a forçar o olho a demorar-se na cadência das imagens.

Logo, o segundo nível do "para trás e para baixo" é dado com o primeiro nível, e não adicionado a ele como uma interpretação. A clássica psicologia da *Gestalt* de Köhler e Koffka consideraria a atração ameaçadora da caverna escura tão importante e primária quanto uma descrição espeleológica. Para eles, a descrição é sempre fisiognômica. Não projetamos o segundo sentido sobre o primeiro, visto que a qualidade de profundidade está imediatamente apresentada *para os sentidos* pela própria cena, que ela desliza para trás e para baixo, que é uma caverna, que é escura.

Freud poderia ter ido mais além, dizendo que o nível primário da cena do sonho é o significado latente de "deslizar para trás e para baixo" (regressão em direção à mãe) que o sonho manifesta numa metáfora espeleológica. Penso que uma mente psicologicamente treinada trabalha da maneira que estou imaginando Freud. Tal pessoa não olharia a cena primeiramente como uma fotografia; ela já iniciaria diretamente ouvindo a imagem com um entendimento metafórico. Ela veria o sentido da imagem até mesmo enquanto a senso-percebe – ou mesmo antes. Um segundo sentido seria imediatamente intuído e sentido como presente, qualquer que seja a situação. Eu questiono se a ideia freudiana do significado latente precisa ser tomada de forma tão literal. Talvez "latência" (na infância, no conteúdo de um sonho, na psicose) signifique meramente nos lembrar de não ficarmos numa posição manifesta. Ela é um sinal que diz: "Continue cavando". Estou sendo claro?

Questionador: Claro, porém não menos místico. Você colocou o segundo sentido primeiro, como uma apreensão repentina ou intuição de significância "qualquer que seja a situação". Você estendeu sua asserção para além da *Gestalt* e de Freud, declarando que este mundo, como disse Próspero o mágico, é um sonho, que tudo é imaginação; que a verdadeira geologia da terra, e como nós estamos nela, é a expressão de um significado oculto, significado em todos os lugares. Você está nos dando a velha "doutrina das assinaturas" – a caligrafia dos deuses em todos os lugares, qualquer que seja a situação. Isso, para mim, soa paranoico, e a melhor proteção contra essa paranoia é o velho bom-senso, deixar as coisas como dados sensoriais, exatamente como elas se apresentam para os olhos, os ouvidos e o nariz, nosso sentido animal.

Admito que estendi minha asserção para sentir as imagens em todos os lugares, não apenas em sonhos, e admito uma certa afinidade com a velha doutrina das assinaturas. Posso, até mesmo, ir adiante. Posso concordar com Plotino, o qual sustentou que a alma percebe *apenas* esse segundo sentido e não percebe o que você chama de "dados sensoriais". A percepção psicológica é sempre das inteligibilidades, das formas – o que chamaríamos hoje em dia de pura intuição ou apercepção das *gestalten* fisiognômicas. Para Plotino, a alma é afetada pelo dado sensorial apenas porque a alma está localizada em um corpo. Quando você separa o dado sensorial dos significados, você não apenas separa sensação de intuição; você separa alma e corpo. Apenas um corpo sem alma, ou uma psicologia sem alma, pode falar do dado sensorial apartado da imagem no qual o dado é apresentado. Veja, os gregos também tinham problemas com a palavra "sentido" (*aisthesis*), que significava tanto sensação quanto percepção. O pensamento neoplatônico resolveu o problema do duplo sentido do sentido exatamente como estamos fazendo: distinguindo radicalmente os dois, porém mantendo-os juntos em um ato único. Então, sim, há um segundo sentido acontecendo em qualquer lugar, a qualquer momento que o seu simples sentido "animal" esteja acontecendo; ambos simultaneamente.

Mas vamos examinar sua acusação de paranoia. Esse segundo sentido evoca, certamente, como Murray Stein me lembrou, uma "hermenêutica da suspeita". Não se pode atribuir às coisas um valor ou uma face apenas natural; isso tem sido condenado como a "falácia naturalista". Então, visto que todo manifesto é suspeito, o nosso segundo sentido é paranoico ("suspeita = olhar por baixo"). Isso também é paranoico na medida em que a atividade de sentir implicações é básica para o fazer-imagem: dificilmente podemos apontar algo como uma imagem, a menos que entendamos que algo se *aponte*. Além do mais, construímos imagens além dos simples eventos a partir dos significados paranoicos: suspeitando, supondo, indicando.

Todavia, de uma maneira muito mais essencial, o ato do segundo sentido ou *insight* metafórico não é paranoico. O ato não dissolve o que existe, a imagem, naquilo que não existe, o significado. A caverna não é transformada, mas permanece uma caverna, deslizando para trás e para baixo. Ouvimos as implicações de estar nessa caverna, sentindo sua gravitação à profundidade e sua hesitação, percebendo a inclinação na base de nossa posição. Esse significado emerge sem a troca da imagem por uma hermenêutica do tipo "a base do ser", "regressão", "o útero materno", "o inconsciente", ou mesmo "cavernosidade" fenomenológica. Não estamos colocando a caverna em nenhum sistema simbólico – porque é aí que a verdadeira paranoia começa. Na verdade, mantendo o significado correto dentro do "dado sensorial" da imagem, o segundo sentido embebido no primeiro, evitamos a literalização paranoica dos significados como um plano ou esquema para o qual a imagem aponta. Nosso tipo de sentido é uma terapia preventiva contra o tipo mais severo de paranoia: a interpretação sistemática. Semelhante zela pelo semelhante.

Aqueles críticos literários que são "antimetáfora" provavelmente estão preocupados com essa mesma questão paranoica que você despertou, *Questionador*. Eles também protestam que, devido aos poemas consistirem em imagens, nós os lemos em busca de metáforas. Por que parafrasear um poema em um significado? (Parafrasear = paranoidiar, falácias sistemáticas de um tipo ou de outro.) Poemas não significam, eles são. Contudo, a campanha antimetáfora tomou a metáfora muito literalmente, como se uma metáfora realmente transferisse imagens para significados em um outro plano. No entanto, entendo a metáfora como o ato de intensificar a imagem através de ouvir e ver ainda mais sentido nela. Podemos amplificar uma imagem a partir dela mesma simplesmente atendendo-a mais sensitivamente, adentrando-a, focando-a.

Sua defesa contra a paranoia, *Questionador*, foi o "velho bom-senso". Você deixaria certas coisas meramente como dados sensoriais, exatamente como eles aparecem aos olhos, aos ouvidos e ao nariz, nossa percepção animal.

O primeiro movimento dessa defesa novamente separa a palavra "sentido" em dois significados: psíquico e natural. Porém, estou insistindo que os dois sentidos são co-temporâneos e co-relativos. Obtemos mais sentido (significado) de uma imagem quanto mais observamos seu sentido (dado); e mais ela significa quanto mais nos afeta sensualmente, sensorialmente, sensitivamente.

Seu segundo movimento conecta o sentido natural à percepção animal, o faro. Todavia, mesmo o faro constrói uma metáfora de si mesmo, porque podemos feder por causa de roupas sujas ou de torpeza moral; podemos tanto farejar um peixe como também algo suspeito. A maneira moderna de segurar esse duplo sentido é explicar que o segundo é transferido ao primeiro. Entretanto, a maneira alquímica, assim como a minha maneira, sustenta ambos juntos; a *putrefactio* alquímica é uma substância que apodrece, natural e psíquica ao mesmo tempo.

O sentido do olfato sozinho pode ser uma analogia melhor para a percepção da imagem do que o ver e o ouvir juntos, porque o olfato é, ao mesmo tempo, mais e menos concreto. Heráclito considerou ser o olfato *o* modo da percepção psíquica (uma proposta tratada mais completamente no meu *O sonho e o mundo das trevas*). Quando Heráclito, mais tarde, sugere que as narinas são as maiores discriminadoras entre os órgãos dos sentidos, e que os deuses distinguem pelo significado do aroma (*Fragmentos* 7, 67, 98), ele está se referindo à percepção invisível ou à percepção dos invisíveis. Semelhante percebe semelhante; a psique invisível, intangível e inaudível percebe essências invisíveis, intangíveis, inaudíveis. Intuição sensorial ou sensação intuitiva.

Mesmo a palavra "essência" tem um duplo sentido: tanto uma substância altamente volatilizada quanto um perfume e também um princípio primário, uma ideia-semente, uma forma. O olfato nos envolve naquilo que é mais sensorial e mais sutil, primitivo e primordial em um e mesmo sentido. Acredito que o modo divino dos deuses ou o modo subterrâneo das almas não estão tão afastados daquilo que você chama de "nosso sentido animal".

Questionador: Você quer dizer que nós cheiramos as imagens?!

Eu quero dizer que cheirar é a melhor analogia para imaginar por estas razões: primeiro, normalmente achamos que o olfato é mais substancioso do que a visão e a audição. Então, o sentido do olfato dá um sentido de corpo profundo a qualquer coisa cheirada. Ao cheirar uma imagem, estou insinuando que a imagem tem corpo.

Segundo, o olfato é comumente tido como o sentido mais parasita, ou seja, dificilmente ele tem uma linguagem própria – algo que já descobrimos sobre a imaginação. Odores, como imagens, são "reflexões", "exalações": o odor de uma rosa, o cheiro de torrada queimada, o fedor de uma refinaria. Odor, cheiro e fedor não possuem um olfato próprio, não são nada sem um corpo particular. Odores não estão sozinhos. Eles precisam estar ligados a uma imagem: rosa-odor, torrada-cheiro, refinaria-fedor. Na analogia com o odor, portanto, o sentido de uma imagem inerentemente "fica com a imagem" e não pode abandonar a imagem sem perder seu sentido.

Terceiro, portanto, um cheiro refere-se a uma imagem particular na qual o odor é inerente. Isso evoca um evento único e favorece a discriminação entre eventos únicos. Se quisermos entender uma imagem em si mesma, devemos cheirá-la. Necessitamos de um bom faro para as diferenças, a *diakrisis* dos espíritos, aquela precisão imaginativa que é o principal propósito do método imaginal.

Quarto, cheirar imagens protege-nos contra as ilusões óticas próprias da percepção visual das imagens. Se uma imagem não é *o que* você vê, mas o *modo* como você vê, então o olfato relembra-nos que não temos que ver uma imagem para senti-la. Na verdade, o olfato relembra-nos que não podemos vê-las, mantendo-as desliteralizadas, como a velha definição do arquétipo: forma não apresentável. Então, ao "cheirar" imagens mantemos o arquetípico como uma verdadeira sensação da imagem, sem ter de exagerar essa sensação chamando-a de numinosa ou extraordinária.

Questionador: Tantos detalhes de sensação... É como o laboratório de Wundt revisitado. Tem certeza de que você não é um tipo sensação – ou isso tudo é a compulsão de sua função inferior?

Quinto, odores são súbitos, assim como as imagens. Não há começo, meio e fim, como nas histórias. Ficamos menos inclinados a ler imagens narrativamente.

Sexto, diferente das palavras dos nossos outros sentidos (tocar, ver etc.), o olfato tem uma "má" conotação. Algo negativo, ofensivo, vai junto com o sentido, de forma que o olfato relembra-nos de nossa aversão inata às imagens. Não gostamos totalmente delas. A iconoclastia é inerente à própria imagem. O culto e a adoração de imagens requerem flores e incenso, como que para adocicar (como diz Adolf Guggenbühl), o que também é inerentemente antipático. Há um aspecto intolerável em toda imagem, enquanto imagem. Sua habitação, no subsentido das coisas, é seu mundo das trevas e "morte". Uma imagem, como um simulacro, não é nada mais que uma sombra de vida e a morte da fé concretista. Imaginar implica a morte da visão natural e orgânica da vida e isso repele nosso bom-senso. Portanto, o mundo das trevas fede, esterco e cadáveres, enxofre. As imagens são demoníacas, coisas do demônio; mantenha distância. Mantenha um faro aguçado.

Sétimo, a cognição do olfato é como uma recognição. Os cheiros trazem a relembrança da memória platônica junto a uma reação instintiva. Seduzidos pelo almíscar, influenciados pela úmida madressilva, respondemos à evocação afrodisíaca e reconhecemos o amor surgindo sem aprendizado prévio. Reflexo e reflexão juntos. A imagem cheirada é imediata e relembrada, tanto animal quanto memorial.

Oitavo, os cheiros não podem ser evocados. Embora eles possam evocar lembranças de coisas passadas, não podemos recordá-los intencionalmente, assim como poderíamos recordar uma sala ou uma música. Estamos sujeitos a eles, somos assaltados por eles, transportados para seu mundo: com um leve cheiro de mistura de lavanda, cedro e cânfora, eu me torno um pequeno garoto excitadamente escondido em um baú – a imaginação totalmente além do controle da vontade. A espontaneidade sem ego do cheiro é similar àquela da imaginação.

Nono, essa espontaneidade além do controle da vontade, contudo, não é sem limite. Ela não requer a imaginação como um voo de pura possibilidade, como se alguém pudesse imaginar qualquer coisa. Não, o cheiro é sempre de algo, então, a imaginação é sempre mantida dentro das fronteiras de uma imagem específica – essa imagem, exatamente aqui, embaixo de seu nariz. É isso que quero dizer com "o corpo da imagem": seus limites particulares são sua forma e seu modo de funcionar. Se, como diz Jung, a realidade psíquica é simplesmente aquilo que trabalha na psique, então, aquilo que esse trabalho faz, sempre de um modo especificamente padronizado, é o corpo da imagem. As imagens não trabalham para nós quando não podemos sentir o seu corpo. E é nosso olfato que nos relembra que as imagens têm corpos, são animais.

Questionador: Se eu levar você a sério, isso significa que as imagens são percebidas realmente por um faro animal num nível instintivo e que elas devem ter, de um modo ou de outro, um corpo animal. Você não está meramente elaborando aquilo sobre o que Jung sempre insistiu: imagens e instintos são inseparáveis?

Vamos deixar as coisas claras: imagens como instintos, percebidas instintivamente; imagem, um animal sutil; imaginação, uma grande besta, um corpo sutil, conosco inseparavelmente alojados no seu ventre; imaginação, um *animal mundi* e uma *anima mundi*, ambos diáfanos e passionais, infalíveis nos seus padrões e absolutamente necessários, o necessário anjo que torna a necessidade bruta angelical; imaginação, um céu em movimento de deuses teriomórficos em bestiais constelações, movendo-se sem estimulação externa no interior de nosso sentido animal enquanto imagina sua vida em nosso mundo.

Questionador: Absurdo! Você precisa ir tão longe?

Não tão longe – aqui e agora. Você não vê que estou protestando contra todas as noções de "mero" sentido, como se os sentidos fossem inferiores, escravizando-nos ao mundo concreto, mundano, literal, um mundo físico sem espírito, como um corpo sem alma? Descartes. Também estou tentando restaurar para nós o animal do "mero" sentido que foi banido para o laboratório e para a selva, deixando-nos sem imaginação. Para restaurar nossa terra enquanto chão na imaginação criativa, temos que re-imaginar a criação. Para recuperar a imaginação devemos, primeiro, recuperar os absurdos monstros marinhos e toda ave selvagem alada e toda coisa rastejante. Somente o animal pode responder a Descartes. Imagine – o corpo sutil é nossa consciência bruta e, a angeologia, um *logos* dos animais.

Este capítulo tem sido muito difícil porque temos trabalhado dentro da região da *opus major*, a grande conjunção de corpo, alma e espírito. O que sustenta a conjunção da sensação concreta, da imagem psíquica e do significado espiritual é a *aisthesis*, que denota originalmente tanto o respirar (cheirar) quanto o perceber. Estou dizendo que, quando caminhamos pelo mundo esteticamente, experimentamos imagens da mesma forma como respiramos através das narinas, uma consciência reflexiva da qual a vida depende. No lugar de procurar significados, temos a resposta perceptiva sensitiva que transforma eventos em imagens. Essa *via aesthetica* seria o que é entendido como "viver psicologicamente": o subsentido recuperado do simbolismo e dos significados paranoicos dos sentidos. Uma vida significante não tem de "achar significado" porque a significância é dada diretamente com a realidade: todas as coisas enquanto imagens fazem sentido.

A velha máxima – "nada na mente que não aconteça primeiro nos sentidos" – pode ser afirmada quando é desliteralizada. Pois isso significa que a mente é primariamente estética. Assim como existe a reflexão apolínea (inclinação para trás e para longe, distanciamento), existe outro tipo de atenção, um cheirar de perto, discriminação com os olhos fechados, como se faz ao ouvir música, ao rezar e ao beijar, bem como ao recordar. Observar de perto[2]. Essa abordagem ao viver psicologicamente reconecta-nos com o antigo significado da psique enquanto uma alma-sopro da cabeça cujas passagens eram as narinas.

Isso tudo não re-desperta sua fé animal na imagem? Para nossa fé animal, a imagem está simplesmente ali, vivendo, movendo-se como os ares que respiramos, acreditemos nela

---

2. Perséfone tocando a fragrante flor quando Hades irrompe repentinamente pode ser lido como o seu movimento rumo à profundidade dos sentidos que a faz aflorar. Esse é o movimento dela em direção ao modo subterrâneo da percepção; o cheiro, um deleite na discriminação de essências. A estética também irrompe no mundo das trevas.

ou não, seja ela numinosamente acenada ou não, seja ela compreendida ou não. Libertação da *pistis* – "eu não acredito nessas coisas; são apenas fantasias; eu mesmo as fabrico". Libertação da simbólica hermenêutica – "eu tenho de descobrir o que as imagens significam, interpretação, entendimento". Em vez disso, estética; de preferência, como o "realismo mítico" de Charles Boer e Paul Kugler (em *Spring 1977*). Parece que a estética é a *via regia*, se quisermos restaurar nossa vida nas imagens e descobrir o método apropriado para a base poética da mente, a mente baseada em imagens de fantasia.

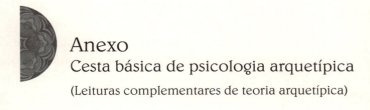

Anexo
Cesta básica de psicologia arquetípica
(Leituras complementares de teoria arquetípica)

James Hillman	*Re-vendo a psicologia* (Ed. Vozes)
	O sonho e o mundo das trevas (Ed. Vozes)
	Psicologia alquímica (Ed. Vozes)
	O mito da análise (Ed. Paz & Terra)
	Ficções que curam (Ed. Verus)
	Psicologia arquetípica (Ed. Cultrix)
Patricia Berry	*O corpo sutil de Eco* (Ed. Vozes)
R. López-Pedraza	*Hermes e seus filhos* (Ed. Paulus)
	Ansiedade cultural (Ed. Paulus)
Thomas Moore	*Cuide da sua alma* (Ed. Siciliano)
Robert Sardello	*No mundo com alma* (Ed. Ágora)
F. Donfrancesco	*No espelho de psique* (Ed. Paulus)
Robert Avens	*Imaginação é realidade* (Ed. Vozes)
Gustavo Barcellos	*Psique & imagem* (Ed. Vozes)

Assessoria: Dr. Walter Boechat

Veja todos os livros da coleção em

livrariavozes.com.br/colecoes/reflexoes-junguianas

ou pelo Qr Code

Guia para a Obra Completa de C.G. Jung

Robert H. Hopcke

A influência de C.G. Jung se estende além da área da psicologia analítica e vai até o campo das artes, das ciências e da religião.

Esse livro apresenta um mapa, há muito tempo necessário, que torna a Obra Completa de Jung acessível às diversas pessoas que são fascinadas pelas ideias do grande psiquiatra suíço, mas que ficam intimidadas diante do tamanho e a densidade de seus livros.

Dividido em quatro partes e organizado por temas, o livro fornece uma introdução a cada um dos importantes conceitos junguianos por meio de uma breve explanação, seguida de uma lista de textos para leitura, iniciando pelos volumes da Obra Completa e sugerindo, em seguida, obras relacionadas e secundárias para aprofundamento. Além de ser uma valiosa obra de referência, é, ao mesmo tempo, uma introdução fundamental de fácil leitura para as principais ideias da psicologia junguiana.

Conecte-se conosco:

- **f**   facebook.com/editoravozes
- 📷   @editoravozes
- 𝕏   @editora_vozes
- ▶   youtube.com/editoravozes
- 🟢   +55 24 2233-9033

www.vozes.com.br

Conheça nossas lojas:

www.livrariavozes.com.br

Belo Horizonte – Brasília – Campinas – Cuiabá – Curitiba
Fortaleza – Juiz de Fora – Petrópolis – Recife – São Paulo

EDITORA VOZES LTDA.
Rua Frei Luís, 100 – Centro – Cep 25689-900 – Petrópolis, RJ
Tel.: (24) 2233-9000 – E-mail: vendas@vozes.com.br